国文教育经典

章与句

上册

蒋伯潜 蒋祖怡 著

首都经济贸易大学出版社

·北京·

图书在版编目（CIP）数据

章与句 / 蒋伯潜，蒋祖怡著. --北京：首都经济贸易大学出版社，2018.7

（国文教育经典）

ISBN 978-7-5638-2783-1

Ⅰ.①章… Ⅱ.①蒋… ②蒋… Ⅲ.①汉语－写作 Ⅳ.①H15

中国版本图书馆CIP数据核字（2018）第060074号

章与句

蒋伯潜　蒋祖怡　著

Zhang Yu Ju

责任编辑	兰士斌
书籍设计	张弥迪
出版发行	首都经济贸易大学出版社
地　　址	北京市朝阳区红庙（邮编100026）
电　　话	(010) 65976483　65065761　65071505（传真）
网　　址	http://www.sjmcb.com
E-mail	publish@cueb.edu.cn
经　　销	全国新华书店
印　　刷	北京玺诚印务有限公司
开　　本	787毫米×1092毫米　1/32
字　　数	474千字
印　　张	18.5
版　　次	2018年7月第1版　2018年7月第1次印刷
书　　号	ISBN 978-7-5638-2783-1/H·190
定　　价	69.00元（上下册）

重版前言

　　《字与词》《章与句》《体裁与风格》是蒋伯潜、蒋祖怡撰写的三部著作。蒋氏父子编过一套"国文自学辅导丛书"，共十二册，1940年由世界书局出版（1947年再版）。这十二册书分别是：

　　《字与词（上）》，《字与词（下）》，《章与句（上）》，《章与句（下）》，《体裁与风格（上）》，《体裁与风格（下）》，《经与经学》，《诸子与理学》，《骈文与散文》，《小说与戏曲》，《诗》，《词曲》。

　　其中：后六册在1977年由上海书店出版社编为"古典文史基本知识丛书"出版；前六册由首都经济贸易大学出版社在2015年合成"蒋氏中学基础国文三种"三册出版，现在又还原为六册，收入"国文教育经典"再版。

蒋伯潜在1940年为这套丛书写的"自序"中说，中学生国文程度低落的主要原因是："只重在教师的教，而不重在学生的学；只重在课内的受教，而不重在课外的自学！"所以决心要编一套适于中学生自学的有系统的课外读物。《字与词》《章与句》《体裁与风格》是基础的语文知识。《字与词》讲了字的读音，反切，错别字，六书，复词（复音词），词类等；《章与句》讲了句的构成，几种常见的修辞格，文章的结构，开端和结尾，记述和描写，思想与想象等；《体裁与风格》讲了古文的分类和诗、词、曲、小说、戏剧等文体，以及繁缛、简约，婉曲、直截，阳刚、阴柔等多种风格。书中在讲述这些基本知识的时候，也常常有一些作者独到的见解。这对提高学生的语文水平是有帮助的。在书中，这些语文知识的讲授对象是初中学生；照现在学生的程度，大约是高中学生阅读比较合适。

这三部书都是用小说的体裁写的。《字与词》是写国文教师周伯臧和他的家庭和学生们，时间背景为1937年"七七"事变前；《章与句》是写国文教师李亦平和他的学生章明、陈祖平等，时间背景为1940年前；《体裁与风格》是写寓居山村的国文教师尹莘耜和他补习班的一些学生，时间背景为1940年法国投降前。书中对教师与学生之间融洽的关系有很好的描写，对书中人物的家庭生活和社交活动以及他们对社会、时局的议论也写得很真切。在周伯臧和尹莘耜的身上，可以看到作者蒋伯潜的影子。这些都是研究民国时期教育史的有价值的历史资料。

先祖父蒋伯潜和先父蒋祖怡的小传和照片是我提供的，读者和研究者可以参看。

在这三部著作第二版付梓之际，我要再次感谢首都经济贸易大学出版社和兰士斌、彭芳、彭伽佳等诸位编辑，他们经过精心的筹划和辛勤的编校，使得这三部近八十年前出版的著作重新和读者见面。这为民国教育史翻开了几乎被遗忘的一页。

蒋绍愚

2018年3月於北京大学

蒋伯潜(1892—1956)

蒋伯潜（1892—1956），名起龙，字伯潜，以字行。出生於富阳新关村。光绪三十三年（1907年）毕业於杭州府中学堂，先后在阆苑小学、美新小学任教。民国四年（1915年）夏考入北京高等师范国文系，受马叙伦、钱玄同、鲁迅诸名师熏陶，在《新青年》《东方杂志》等刊物发表文章。1919年毕业，经系主任陈宝泉和时任浙江大学校长的蒋梦麟介绍，至浙江嘉兴省立第二中学任教。以后，先后在浙江省杭州第一中学、第一师范、女子中学、杭州师范、台州省六中等校任教，与夏丏尊、叶圣陶、郁达夫、朱自清等过从甚密。

在此期间，曾为世界书局编撰初高中国文课本12册，世界书局总编辑署曰"蒋氏国文"，出版后颇受教育界欢迎；又为开明书店编选并注释《开明活页文选》，注释精详。

1926年，国民军由广东出师北伐，马叙伦策动浙江省省长夏超起义以响应国民军，蒋伯潜曾参与其事。1927年，北伐军底定浙江后，马叙伦任民政厅长；蒋伯潜任《三五日报》主编，"四一二"事变后辞职。

1938年春，蒋伯潜应老友蔡丏因、董任坚、周予同之邀，赴上海大夏大学和迁沪的无锡国专等校任中文系教授，并兼任世界书局特约馆外编审。在此期间，根据其多年从事中学国文教学的经验，编撰《中学国文教学法》（上海中华书局1941年出版）；又与其子蒋祖怡合编"国文自学辅导丛书"12册（世界书局1940年初版，1947年再版），其中《字与词（上下）》《体裁与风格（上下）》《经与经学》《诸子与理学》为蒋伯潜编撰。蒋伯潜根据上海任教时的讲稿写成的《十三经概论》（世界书局1944年出版）是一部重要的学术著作，20世纪50年代后在台湾省多次印刷，1983年、1986年、2010年又几度由上海古籍出版社重印。

1941年，日军侵占上海，蒋伯潜应老友朱自清之邀离沪，准备去昆明西南联大任教；因为西南道阻，回故乡富阳新关村居住，在县立富阳中学等校任教，并和族弟蒋廷龙等一起创办了富阳简易师范。蒋伯潜、蒋祖怡父子二人合撰的"国学汇纂丛书"10种（正中书局1942—1946年出版）大部分在此期间完成，其中《文体论纂要》《文字学纂要》《校雠目录学纂要》《小说学纂要》《诸子学纂要》《理学纂要》《经学纂要》为蒋伯潜编撰。

1945年抗战胜利，蒋伯潜应邀到上海市立师范专科学校任中文系主任兼教授，任教期间撰写了学术专著《诸子通考》（正中书局1948年出版）。1947年应邀任杭州师范学校校长。1949年任浙江图书馆研究部主任，被选为杭州市和浙江省人民代表。1955年任浙江文史馆研究员，1956年1月逝世。

妻夏喜云（1893—1982），富阳里山人。

子蒋祖怡，另有小传。

蒋祖怡(1913—1992)

蒋祖怡

蒋祖怡（1913—1992），出生於富阳新关村。蒋伯潜之子。自幼受到父亲及其友人郁达夫、朱自清、叶圣陶、周予同等的教育和熏陶，中学期间就写小说发表在刊物上。1937年毕业於无锡国学专修学校。次年到上海任世界书局编辑。在此期间，与其父蒋伯潜合作编撰"国文自学辅导丛书"12册（世界书局1940年初版，1947年再版），其中《章与句（上下）》《骈文与散文》《小说与戏曲》《诗》《词曲》为蒋祖怡撰写。

1941年上海沦陷后，回新关村居住，并在浙西昌化第三临时中学、富阳简易师范任教。在此期间完成了父子合作编撰的"国学汇纂丛书"10种（正中书局1942—1946年出版），其中《文章学纂要》《诗歌文学纂要》《史学纂要》为蒋祖怡撰写。上述这两套丛书后来大多在台湾和大陆多次重印。

1945年抗战胜利后，蒋祖怡到上海任正中书局编审，兼任上海市立师范专科学校中文系副教授。1948年受聘於浙江大学文学院。1952年院系调整，浙江大学文理各系组成浙江师范学院。1958年，浙江师范学院并入新建的杭州大学。蒋祖怡长期担任浙江师范学院与杭州大学的中文系副系主任，为浙江师范学院和杭州大学中文系的建设付出不少心血。"文革"以后，他以病残之躯坚持教学，为杭州大学中文系培养了好几届研究生。同时，他又长期担任浙江省人民代表，作家协会浙江分会副主席，中国民主同盟浙江省委副主委。

蒋祖怡长期从事文艺理论和中国文学批评史的研究，著述甚富。在1949年以后出版的著作主要有：《中国人民文学史》（北新书局1950年出版），《论衡选注》（上海中华书局1960年出版），《王充的文学理论》（上海中华书局1962年出版），《王充卷》（中州书画社1983年出版），《文心雕龙论丛》（上海古籍出版社1985年出版），《钟嵘诗品笺证》（中州古籍出版社1995年出版），《全辽诗话》（与张涤云合著，岳麓书社 1992 年出版），《郁达夫旧体组诗笺注》（与蒋祖勋合著，浙江文艺出版社 1993 年出版），《中国古代诗话词典》（主编，北京出版社 1995 年出版），《中国古代文论的双璧——〈文心雕龙〉〈诗品〉论文集》（山东教育出版社 1995 年出版）。

妻沈月秋（1914—1996），富阳人。

子女五人：蒋绍惠（女），蒋绍愚，蒋绍态（女），蒋绍忠，蒋绍心。

目 录

自序

　　我在浙江省各中等学校——旧制四年的中学、五年的师范，新制前三年后三年的初高级中学——教授国文，已二十多年了。这二十多年来，一般中学生国文程度的低落，几已成为无可讳言的事实。四五年前，我曾为浙江省教育厅典试中学毕业会考的国文四次，觉得中学毕业生的国文试卷，大有一届不如一届之势。论者往往归咎于学制的改革，把四年初小、三年高小的期限缩短了一年。其实，小学缩短了一年，中学已延长了二年；虽然大学的三年预科被废除了，但这于中学毕业生的程度是没有影响的。或谓从前的中学生大都是家塾出来的，现在的中学生完全是小学毕业的；家塾可以说是专读国文的，而且由教师个别教授；小学的学科较繁，花样较多，学生已不能专攻国文，而且用的是班级教学，这便是中学生国文程度低落的原因。这一说，颇有相当的理由，可是我们平心静气地想想：家塾里读死书的教学方法——只重背诵不重讲解——比现代小学里的教学法，优劣如何？家塾里采用的教本——自《千字文》《百家姓》以至"四书""五经"——比现代的小学国语教科书，哪一类适合於儿童的学习？即此二端，已足抵消上面所述的那种原因了！

我以为中学生国文程度低落的主要原因，还在於中学本身六年内的国文教学只重在教师的教，而不重在学生的学；只重在课内的受教，而不重在课外的自学！中等学校的国文授课时间，每周至多不过六七小时，去了二小时作文，只有四五小时了。讲授选文，如果贪多求速，每周也可以讲授三四篇。但这样草率了事，囫囵吞枣，学生能完全了解吗？能完全记诵吗？不但食而不化，难期应用，怕咽都来不及咽下去哩！如果预习、试讲、范讲、复讲、内容和形式的深究，以及默读、朗读、背诵、默写，要样样都做到，一周四五小时，怕只能选授一两篇文章。一学年不过四十多周，六年工夫只读了二百五十篇到五百篇文章，国文当然不会有长足的进步了。何况大部分学生在教室里听讲，和坐茶店听说书一般，有兴趣时，眉飞色舞，没兴趣时，便昏昏入睡；下了课，把讲义一丢，等到考试时再来临渴掘井呢！——所以我认为要提高中学生的国文程度，非提倡他们自学不可！非辅导他们自学不可！非养成他们课外阅读的能力、兴趣和习惯不可！

可是适宜於中学生课外阅读的读物，实在难找。他们得不到适当的读物，而自由阅读的兴趣又非常强烈，於是大多数学生尽量地阅读他们自认为有兴趣的小说，无论是武侠、神怪、恋爱、侦探等等，无所不阅，结果是无往不迷，虽然看小说於国文也不无小补，但终是所得不偿所失。学校当局，或听其自然，或竭力禁止。禁止固然无效，听其自然也不是办法。现在各初中差不多以《文心》《爱的教育》《文章讲话》《文章作法》《词和句》等为学生的课外读物，可是这一册、那一册，各自独立，并不是按照中学生程度，由浅入深，整套编成的；就各书的形式和内容看，也分不出它们的深浅。

所以甲校定《文心》为一年级的读物，乙校定《文心》为二年级的读物，丙校又定《文心》为三年级的读物，把它看成万应灵膏，什么人什么病都可贴的了。至於高中，尤其没有办法；许多教师只得将《孟子》《史记》《战国策》《通鉴纪事本末》提起笔来，随便替学生开一张书单了。

"我们得替中学程度的青年编一套适於自学的有系统的课外读物！"这是近十年来我和朋友们常说的话。浙江省中等教育研究会也曾发此弘愿，可是除出了一册《民族文选》之外，没听说编成什么书。我虽有此计划，因为靠教书过活，工作实在太忙了，时间精力都无暇及此。二十七年春，富阳沦陷，避地来沪；斗室虱处，忽忽两年。每和海上故人、浙东旧友偶然谈及，都说我左足既废，杜门避难，大可趁此闲暇了彼宿愿。去年为脑病所苦，濒危者屡，不能执笔。今岁任教大夏大学，乃於课暇奋力工作。至於材料之搜集，意匠之经营，文字之推敲，则儿子祖怡臂助尤力。陆先生高谊适主世界书局，许为印行，期以年半，完成全书。不但可以了我十年来的心愿，可以借此砚田笔耕，易米以度难民生活，也可以在我避难上海的一段生活史上，留一个纪念。至於疏漏纰缪之处，还望中等教育界同人不吝指正！

蒋伯潜序於沪西寓庐

中华民国二十九年三月

第一章　孤儿之泪

　　一个仲夏的清晨，章明在晨光曦微中沿着南京路向东走去。微风吹乱了他的头发，旧长衫的下缘也跟着飘荡起来。他抬起头来，是一张苍白色的颜面，汗珠挂在额角，手里的书似乎增加了些重量。他停下脚步向四周望望，在凉风里深深地吸了一口气。

　　马路两旁的店门大都还紧闭着，几家宵夜馆里的伙计伸着腰靠在店门口。几辆汽车驶过了，带给他一些汽油的味儿。

　　转了几个弯，他在一个学校门口停下来。国旗在门口飘扬，他脸上浮出了一阵喜悦，像得到了新生命似的。他急急用手抹去额头上的汗，直走了进去。

　　宏文中学在上海是有相当的历史的，但是原有的校舍却在"八一三"战事中毁灭了。当然，在这市场的附近，在只适合於商业用的房屋，是不大适宜的，一切设备都非常简单。然而这里却充溢了热诚和爱。这天，是这学期开始的一日，学生们都怀着兴奋的心，在教室里谈论着。

章明走进了秋二年级的教室，同学们和他交互用诧异的眼光注视着。这场合在章明是陌生的，暑假中,他从将破碎的故乡流亡出来，孑身只影，做了大都会中悲剧里的一个角色。他怀恋着过去，希望未来。过去的学校生活使他感到安慰，在炎热的盛暑里他出卖过不少的血，然而他并不颓丧，因为这样他可以再踏进幸福的圈子了。他找到了第三十四号座位，静静地坐了下来。

坐在他隔壁的是一个年纪和他仿佛的年轻孩子，头发剪得短短的，穿着一件青色的衬衫和黄色的短裤，眼睛长得很大，表示他并不是一个愚蠢的人。他正在国文书的簿面上写他的名字——陈祖平。

章明向四周端详了一下，一阵嘈杂的谈话声使他有些烦腻。他用左手支着下颚，浸润在沉思中。

上海是他第二个故乡，也是他降生的地方。六七岁时，他正是一个富家的少爷，几种糖果的名称是他听惯了的；每天爸爸坐着汽车回来，带给他一束名贵的礼物。十岁以后，家境渐渐不如从前了，爸爸脸上常常笼罩着一阵可怕的忧郁，家里接着搬过几次房子。"一·二八"战事爆发了，他们单身[①]从南市出来。他在这时候懂得了租界上的有趣，然而他爸爸却在这繁华的租界上永别了他们。这时候，他年纪还小，不曾感到什么悲哀，不过当他和妈妈离别上海搬回苏州去的时候，他曾在轮船上洒过不少的泪，为的是舍不得离开这使人怀恋的上海。

如今他又重来了，但是现在年纪长大了些，上海给予他的悲哀更甚了。从前他厌恶那些贫苦的孩子，现在却觉得富家孩子们之荒唐了；从前觉得学校是一个可怕的笼子，现在他认为这是一个幸福之宫。同学们的扰攘更增多了自己的愁苦，他觉到自己是在一个四顾茫茫的大海洋中，四周只是凄凉和寂寞。

他的眼润湿起来，在泪珠里见到他妈妈临死的苦笑。一个小小的市镇上，前面临着大溪，后面的房屋都

---

① "单身"，原文如此。——编者注。

倾圮了，飞机的声音在头上盘旋，几阵狂嚎和呻吟在瓦砾堆里、在溪里传过来。他紧握着躺在地下的妈妈的手，他颤抖着几乎昏迷过去。她没有说什么，便永别了他。这景象，他永远不会忘记，尤其是地上留着的一滩触目的血迹。现在，自己被别人称作孤儿了，"孤儿"，这可咒诅的称谓啊！

他更记起舅舅的话：

"现在比不得从前了，不吃苦是不行的。到上海找个工厂去做工去，要上学，我没有这么许多钱。……"

酷热的夏天，高高的太阳将炎热洒到广场的角落里。轧轧的机械转动起来，皮带在栋梁和大齿轮中间尽量地奔跑着。几个赤膊的工人肩着大铁条进来，汗珠挂在嘴角；他脸上脏脏的，在地下拾铁块。铁屑飞扬起来，几乎使他窒息；熊熊的火光，直灼在他背上。终日昏沉沉地，没有休息，从天没亮一直到深夜，从深夜一直到天明。

这里唯一的朋友是跟他做同样工作的小毛了。整天鼻涕挂在嘴唇上，和着铁屑，变成两条灰色的粗纹。年纪已经十八岁了，长得和十二岁的孩子一样高，身上瘦得可怜，背骨也有些佝偻了。但是他拖得动更大的铁条，而且又比章明早进来，因此他常常有些骄傲的样子，因为他的薪水比章明多些。

两个多月来的努力，他得到老板的称赞，但是他的身体却消瘦了。

"进学校有什么用？你不是读过一年初中吗？养成这种文弱的样子。——你自己挣来的钱，要读书，我也不好反对你。近来我生意不顺手，家里吃口又重，这半年的住宿和膳食，你预备怎样？"这是舅舅最近告诉他的话。

舅舅生活的困难，他很知道。他并没有怨恨舅舅的心，但是他不愿随便毁灭自己。可以读书的时候，总得设法读书的，摸摸口袋里，是买书缴费余剩的两块钱——"但不知今夜此身，寄宿何处？"他有些茫然了。

教室里的人声突然沉静下去，讲台上站着一个中年的教师，长长蓬蓬的头发，深黑色的脸庞上架着一副近视眼，身材不很高，身上的穿着不很好，是一件深蓝色的布衫。他放下了粉笔和点名簿，向学生们注视了一眼。

章明在沉思中清醒过来，他看看教师的脸，一阵喜悦浮上他的心头。他认识这教师，是上学期在内地中学里教过国文的教师李亦平先生。

他想立起来招呼他，但是喜悦又控制他，使他没有招呼的勇气。"他一定认识我的，等他来招呼我吧！……不，也许他已忘掉了。……"

隔壁同学陈祖平在书包里取出国文书来，接着在一个美丽的铅笔匣中掏出了一支钢笔。

晨曦从玻璃窗里直照到教室里，抚摩着同学们的头发，教师脸上也露出了笑容。章明背后的两个同学在轻轻地谈话：

"是新来的？"

"寿头寿脑。"他们都笑了。

李先生的讲话开始了，大家都镇静下来，抬起头注视着李先生的脸。

"诸位已经是初中二年级的学生了，在中学里已过了一年，学习国文也已一年多啦。你们知道学习国文的目的是什么？"

他用手摸摸下颔，微笑地静候着回答。半晌，教室里静静的，没有人回话。他又说了下去：

"学习国文的目的，最简括地说是为了应用。多读别人的文章，可以养成赏鉴批评的能力；多作文，可以使应用时不感受到困难。因此，国文并不是人生的一种点缀品，乃是应用上不可缺少的一件东西。

"国文的范围很大，从几个字的选择，一直到各种专门学问的研究都在其内，但是我们可以分作三个项目来说。"

他拿了粉笔，转过身去，在黑板上写了"文学""文章""文字"三个标目，回过身来，扑扑袖口上的粉灰又说下去：

"文字，便是字和词的认识，每个字有每个字的意义。中国有专於研究字的学问，叫作"小学"，又叫作'文字学'，这里面专於讨论每一个字的组成和音读的。例如中国的'国'①字照理便是'或'字，口代表疆域，'戈'是表示守土的兵士。后来'或'字借作虚字了，便在'或'字上面再加一个圈子。

"但是，现在初中学生却不必如此深究它的来源，

---

① 这里"国"字为简化字。原书为繁体字，即"國"字。——编者注。

只应知道每个字的笔划和意义，少写别字和少用不妥当的词儿好了。我相信，这一部分功夫，你们在上一年已有了长足的进步。"

他咳嗽了一声，在讲台上走前了数步，在黑板上写了"彣彰"两个字。

"这一年，是该研究'文章'了。本来'文章'的旁边应该加上这三撇的，说是有文采的意思。从文字组成了句语，再由句语组成了文章。整篇文章的好不好，有好多个条件：第一是句子通不通，第二是句子安排得好不好，第三是标点和段落，第四是整篇结构和思想。读别人的文章，正可以做自己作文时的参考，因此学校中的课程，便有讲解和作文两项，这二者是相提并重的。

"作文和口头说话是有相当的关系的，文章乃是将说话写在纸上去。那么，会说话的人一定会做文章了，是不是？"

李先生突然停了话头，向全班同学呆视了一下。坐在第一排的一个年龄较小的同学向先生摇摇头，这便算是答语了。坐在末一排上有一个高个子，头发梳得精光的，笔挺的衬衫，露出很显明的叠纹，他站了起来，脸上有些怕羞的样子。他说：

"不对！会说话的不一定会做文章。"

大家目光都注视在他身上，他的脸更红了，一声不响地坐下去。

"他的话是对的，但是口头说话和作文有什么不同呢？"李先生含笑问。

坐在章明斜角的一位女同学站了起来，她用尖锐的语调，低低地说：

"说话是粗俗的，文章是典雅的。"

李先生向她挥挥手，是叫她坐下去的意思。接着，章明也立了起来：

"我的意思，口头语和文章的不同，不在典雅和粗俗。我想，口头语的省略的地方比文章来得多。"他的声调很清楚，全级同学开始注意他了，但他并没有畏缩的样子，"文章太省略了，意思便不明白，所以文章要讲文法呀。"

李先生呆呆地看看他一霎，他像在回忆过去。他不经意地说出了"章明"来：

"章明，你也在这儿？"

"是的，李老师。"他感动得几乎要哭了。

坐在他身边的陈祖平推了他一下，看看他的泪眼："怎么，你认识他？"

"是我从前的老师。"他诚恳地答。

李先生叹了一口气，没有说什么，脸上忽然显出不喜悦的表情来。但是过了一分钟，又搔搔他的头发继续说下去：

"章明的话不错。文章要典雅，是古人的误解。文章和口头语的不同，是在繁简。口头语往往有许多省略的地方，尤其是在对话里；可是作文却得顾恋文法，不能随便省略的。这便是造句上最重要的一点。

"关于句法，就它的形式上说，可以分作长、短、骈、散四种。这四种句法是并立的，没有优劣好分，汉朝班固作的《汉书·张苍传》中有这样一句话：'年老，口中无齿。'后来唐朝刘知几作的《史通》上批评他说：'这句话中"年"字和"口""中"字可以省掉，只要说"老，无齿"好了。'因此可见，同样的句子，有好几种写法。句子的长短不生问题，要看它是否能充量地表达作者的思想和意境。例如《左传》里每逢追叙以往的事情的时候，总用一个'初'字来替代，这一个字便是一句了；这是短句，它可以表示文章倒叙的开始。又如《史记·项羽本纪》里的'项羽乃悉引兵渡河，皆沉船破釜甑烧庐舍持三日粮，以示士卒必死，无一还心'。第二句便是长句了。这长句可以表现项羽的勇敢，如果删了它，或者单以一句沉船来替代，便不像原文那么生动有趣了。"

太阳直射在黑板上，李先生头上的汗珠闪烁着发光。他从衣袋里掏出一方旧的手帕来，拭拭额上的汗。同学们更寂静了，有的用铅笔在抄录黑板上的字，章明背后的两个同学也出神地张着嘴等他说下去。

李先生又在黑板上写了"骈句"和"散句"的字样，用沉重的语调说着：

"'骈句'是跟骈文有关系，'散句'是跟散文有关系的。你们读过六朝时候的文章吗？"

刚才说过话的那位女同学又站了起来：

"王勃的《滕王阁赋》①。"

---

① 今指《滕王阁序》。——编者注。

"是的，《滕王阁赋》是骈文，但是王勃是唐朝人。六朝时做骈文出名的如庾信、徐陵都是。随便拿徐陵的《玉台新咏序》里的文章来举例吧。'南都石黛，最发双蛾，北地胭脂，偏开两靥'这四句话，第一句和第三句相对，第二句和第四句相对，字数也很整齐，这就是骈句了。骈句不单字数如此，音调的和谐也是很重要的。但是诸位别以为骈句一定在骈文里，其实散文中也很多见的。韩愈是唐代以散文出名的，他的《祭十二郎文》里'少者殁而长者存，强者夭而病者全'，这是骈句了。语体文里，也不难找到这种例子。散句，便是长短不齐的文句，不单在散文中可以找到，在骈文里也是有的。这两者虽然是一个对称的名词，其实正是文句中不可少的因子。从前人称文章有'奇偶'，称文章有'单复'，这都是骈散的代称罢了。从前人专于做骈句或专于做散句的，这是不知道文章上奇偶互相调剂的道理。"

章明背后的一个高个子立了起来，态度很有些张皇，他的语音是很尖锐的：

"先生，对联是不是骈句？"

"是的，对联的外形是分作上下联的，因此在形式上就规定应该是骈句。"李先生看了他一眼，续说：
"但是就它每一联看来，却有许多不定是骈文的。例如
有一副老对句，是贺喜的喜对。……"

他回过去，写了"易曰乾坤定矣，诗云琴瑟友之"
十二个大字。

"你们看，单就一联来看，不是很有散文的意味
吗？但是就全副联语讲，却是偶句了。——以上这四
种句式是从形式上来分别的。此外还有'复式句'或
'单纯句'的不同。前者英文文法上叫作Compound
Sentence或者Complex Sentence，后者叫作Simple
Sentence，但是句子中所不可缺少的两部分是主语和述
语。有时虽然省略了，但总得以使读者明白为止。《史
记·樗里子传》里有这样一句话：

母韩女也。樗里子滑稽多智。

苏辙做了一本《古史》，将它删成：

母，韩女也，滑稽多智。

变成‘滑稽多智’的是他的母亲了。”

章明等到李先生话说到一个段落的时候，慢慢地站了起来。

“李先生，你刚才说骈句和声调有关系，那么散句和声调难道没有关系吗？”他又看看同学们，教室里充满了潮热的空气，同学们的精神跟着他的话又振作起来。

“对，散句和音调也有关系，但是它不像骈句那么单求和谐，它要音调上有变化。例如清代的桐城派古文便要讲求音调铿锵了。不过音调只是文句上的一种装饰，单是音调好听是没有用的。有了准确的思想和描写真切，再加上音调上的调节，便是好文章。否则，就像一个丑的女子多涂些胭脂，反而觉得奇形怪状了。”

全班同学都笑了起来。李先生停了一停，又继续说下去：

“上面都是关于句的话，积句可以成为文章，文字的好坏，句是一个基础条件。句子造不好，文章也不会好的。同时造句有积极、消极两方面：消极方面是求它没有错误；积极方面是使它没有错误之后，如何会更美妙动人。这一层，以后可以告诉给诸位听，但是做文章却没有一定的法则，全在乎自己的运用。所谓'文章千古事，得失寸心知'了。至于文学，是文章中的一项。有人称文学作文艺。对于'文艺'两个字的解释，广义地说是文学和艺术的总称，狭义地说是有艺术性的文学，因为文学本来是艺术中的一项。这些，将来也应该知道的。……"

铃声将李先生的话声打断了。隔壁教室里退了课，人声接着也嘈杂起来，但是这教室里却依然静静的，虽然有几个同学已在收藏他们的书本和铅笔了。李先生慢慢地翻拢了点名册，一只手抓起桌上的粉笔段头，向同学们点了点头。

"下次再讲吧！"他又抬起头来，向后面望望，提高了声音："章明！"

章明含着笑走过来，同学们在阳光中拥出了教室。他跟在李先生背后，慢慢地在人丛中挤过去。

第二章　音调和节奏

　　宏文中学的后面，有一条小小的甬道。这路是很狭隘的，上面架着一个葡萄棚子，桃形的叶子还留着新绿的颜色；太阳光直透下来，像照在淡蓝色的玻璃上；甬道上的光线很柔和。偶然一阵南风吹来，地上移动着各种不同的图案。

　　甬道那一面的尽端，是几所低低的平房，屋子右边有一个比较广大的空地，小学部学生常常挤在这里打弹子的。但是这时候已经傍晚了，这里静静的，没有人迹。空地外面的树枝上，还传过来暮蝉的悲吟。

　　平屋中间的一间，是李亦平先生的住宅。这屋子据说本来预备给小学部用的，后来一间改作办公室了，因为李先生教书的经验很丰富，学校里极优待他，给他一间小小的房子。

屋子里的陈设是说不上精致的，同时也很狭小。开门进去，正对着是一张小方桌子，上面凌乱地放着热水壶、茶杯等东西。方桌的左边，有一张破旧的方凳；再过去，直摆着一张小小的铁床，上面的被褥也是很简单的。床的尽端，有一张小长方桌，一直通到门边的小窗口。方桌子的右边是一个木书架，上面放满了书，但是最上的一层却被牙刷杯、肥皂盒等占据了。

屋子里很阴沉，从窗子里泻进来一道阳光，给这屋子一些生意①。但这儿却依旧是沉寂的，尤其是这陈旧而不甚清洁的屋子，令人见了有些不大愉快。

隔壁的钟声正打了四下，李先生嘴里含着纸烟，在整理一堆新交来的作文簿。他四周打量了一下，将作文簿堆在长桌上，自己坐在桌子旁边，向着书堆发呆。

他在想念着家，想念着自己。

在苏州的乡间，牵牛花开遍了田野，漫漫的阡陌和临水的垂杨。暑假期正是他快乐的日子，抱着刚降生不久的孩子，和妻子在蝉声树影里徘徊，带着学生们

---

① 生意，这里指"生机"。——编者注。

在高崖绿水中涉足。他有一间小小精致的书房，里面是他几年来教书所得买来的爱读的书。清晨，凉风从溪面吹来，傍晚，远处寺钟悠悠地掠过，这都是他读书的时候。他很满足，在书中他得了不少的安慰和力量。

　　但是，在这一间小小的屋子里，他所想念着的只不过是一个梦境。醒来时，一切都幻灭了。那里已遭受了飓风的袭击和暴雨的侵陵①。田园荒芜的照片从故乡寄来，"流亡"，他已深受了这种苦味。

　　他慢慢地抬起头来，向窗外望望，草地上还留着浓浓的青色。他觉得此地不是久住的地方，然而他却不曾打算坚决地离开这里。伸手摸摸多日未曾见面过的自己的脸，手指上觉到许多令他可惊的皱纹和铁硬的髭须，转眼又看到桌子上从故乡带出来的受着不少创伤的著作，他有些凄然了。

　　门外啄剥②地有人打门，他似乎不曾听到。接着一个年轻人的面貌在门口出现了，他看了，似乎有些喜

----

①　今用"侵凌"。——编者注。

②　啄剥，亦用"啄啄"，指叩门声。——编者注。

悦，像见了多年未晤面的友人一样。他立起来，亲密地招呼：

"章明，没有课了？"

章明挺挺地立在李先生的面前，喜悦和希望爬上他的脸。他一只手整整自己的头发，天真地将屋子的周围打量了一下，又注视着李先生的粗黑的脸，再轻轻地将手里的书本放在方桌上。

"李先生！"

"坐，坐。"李先生对他非常亲密，这青年在现在对他似乎是他唯一安慰的泉源了，"你什么时候到上海的？"

这话，在李先生是一种关切，也是流亡者的人们通常谈话的开始。但是对于章明，这却是一枚尖锐的针，勾起了他的身世的悲哀。他的眼眶润湿了，但是却有一种不可名言的力量来克制自己，这时候，一种矛盾占有了他，他认为在教师面前流泪是一件不勇敢的事。

"今年暑假。"他嗫嚅地，"李老师呢？"

"也和你一样。家乡毁灭了，一家东西流离，只有一个人飘零到上海来，什么都没有了。你看，我真是一个难民呐！”他伤感地拍拍自己的衣服，在桌子旁边坐下来，伸伸手叫章明跟他坐下去。

“李先生朋友多，总没问题的。”章明一边坐下来，一边用手帕擦去脸上的汗珠。他看见李先生头上的汗珠也在开始流动了。

“有什么用？家……”他有些哽住了，不自然地立起来，取了手巾在洗脸，接着又回过头来，“你，你一家都在上海吗？”

“我……爸爸早死了，家产也完了，我的妈妈被炸死了。一个人到上海来，暑假里在工厂里做了两个月的苦工，才可以上学！”他低着头几乎要哭出来了。

这一段话使李先生诧异，章明在从前虽是一个有为的学生，但是却想不到会坚苦决绝地自己打出出路来。他伸出了手，抚摸章明的肩头，感动地说：

“你是一个有作为的孩子！”他又疑惑起来，“你怎么能进工厂呢？”

“我有一个远房的舅舅，他本来是在上海做生意的——近来也困难得很——他替我找到了一个铁工厂，我便在那边做了两个月的工。

"李先生，做工并不是一件可耻的事。但是我年纪还轻，我对於学问还需要努力，我念着从前读书时的幸福，我便毅然决然地跑出工厂来。

"两个月的工资，本来是不够学校里的学费的，厂长瞧得起我，给我五十块钱。唉，学校的门真不容易踏进去。我现在觉得幸福，我能够再在这一群中受教育的抚养。……"

章明终於不能克制自己，伏在桌子上哭了。他尽量地哭，半年来，他不敢如此尽情地哭过。在李老师面前，他已变成一个娇儿，他要求得他的同情与安慰。

李先生不自然地在房中踱了几步，反背着手，又搔搔自己的头发。章明的话使他感动，同时又使他觉得愁苦。宏文中学是上海学校中最认真的了，但是新近却换了校长，所采措置，有许多地方使他怀疑与不满；在往日，他只替自己担忧，现在他却关心到正在受他抚养的许多孩子了。章明，就是其中的一个。

章明抬起头来，李先生正站在他的身边，布衫跟着他的呼吸在颤动。李先生低着头，让热泪落在章明的头发上。

"好孩子，奋斗吧！光明在等待你。有勇气的人是不会被淘汰的。——你，你住在什么地方？"

"舅舅家里人多，住不下，同时，他也不赞成我进学校。今天晚上想仍旧到铁厂去。但是，我不能替他们做工，也不好意思久住的。"他用手揩揩眼泪，抬起头来，童年的天真还留在他的脸上。

李先生想勇敢地对他说："你去做工吧，学校，会使你失望的。"然而他却没有勇气说。他皱着眉，咬着牙，擦着手。屋子里静静的，太阳已从窗口退出去，里面显得更阴沉了。

"我看你还是搬来和我同住吧！功课方面，我可以尽力指导你。吃饭，也和我同在一起吧！我一个人正寂寞呢。"

章明想不到李老师会说这样话的，学校里教师和学生通常只是一种很浅的友情。

他默默地点点头，眼泪又从眼眶里流出来，这是感激的泪。

李先生感到一种安慰，几日来的愁苦被遗忘了，他伸伸自己的身体，慢慢地说：

"这一点，你也不必推辞的，尽自己的力来帮助一个肯吃苦的人是应该的。我们——没有了家的人，也应该互助。反正，我一个人也不要化①什么钱，你跟着我，与我是丝毫无损的。近几个月来，心里受了重大的打击，一切都有些灰心了。你，你的努力，却鼓起了我的勇气，这一点我是应该感谢你的。"

"……"章明想说话，李先生却不容许他说下去。

"现在正是一个动荡时代，往往有许多人会走上不应该走的路，你们——当然我也在内——应该就自己的本位来努力，所以在求学时代，唯一的目标便是充实自己了。你的国文本来是还好的，希望你在这方面多多努力。你得鼓舞起我的兴趣来。

"在上海，国文程度低落得可怜，不是专迷信老学究，学做乌烟瘴气的桐城文，便是专翻那种一无所有的所谓空调子，以致学生们的作品谈不到清通，写不出自己的思想，这是很可悲哀的。当初，朋友们介绍我来见新校长时，他一见我年轻，便有些不高兴了。大概他希

---

① "化"，旧同"花"。——编者注。

望请到一个留胡子的翰林或秀才来教学生吧！"

李先生像在上课，滔滔不绝地诉说他一月来的抑郁。

章明呆呆地听着，想不到李老师近来也变成这样忧郁了。以前，他是一个喜悦而可爱的人，喜欢跟学生们一同打打球，一同读读书。现在，脸色也苍白得多，兴致也消磨得多了。

他的右肘偶然碰着桌上的书包，"啪"的一声，几本书躺在地上了。他俯身去拾了起来。

"什么书？哦，教科书。"李先生见了又发了许多感慨，"上海学校老是喜欢用教科书，什么课外阅读书都不用，学生如何能进步呢？"

"李先生，你刚才上课时说的句的构造，为什么教科书里没有呢？"章明疑惑起来。

"国文单是读几篇古人名作，便会进步吗？教科书不过单是替你选择好的文章，此外，便得自己去努力搜寻材料了。"李先生安静地替自己倒了一杯开水。

"李先生，读熟选文是有好处的。"

"不错，读选文的好处，我们是没法否认的。但是读古人的文章，不单了解他的文式，也应知道作者的时代背景和思想的。欧洲人读托尔斯泰或普式金①的书，便叫读托尔斯泰或普式金，这见解是不错的。单就读的一方面来说，中国近代对於读书不讲求，所以文章音调上的变化不会知道。例如'形单影只'读起来是顺口的，如果说'形影只'便有些不顺口了；因此'父母命'要加一个'之'字，'父母之命'便顺口，这是文章上奇偶对於文章音调的关系；因此，如果说'两人打'不如说'两人相打'。这是造句上重要的惯例。"

"那么像'人其人，火其庐'为什么又顺口呢？"章明问。

"可见两个名词和一个动词组成的话往往要加虚字，一个名词和一个动词在一起便无问题。这两句话里的'其'都是加上去的。如果说'火庐舍'便不如说'火其庐舍'了。这一点，古人明明知道，却不肯老实地说出来告诉别人，只说是'行文之气'哩，'蛇行斗折'哩；说穿了，是很简单、容易明白的。

"不单是作文如此，读别人的文章时，也应该明白

---

① 今译普希金。——编者注。

他的语调，读出轻重来的。"

"听说读诗词要有轻重，散文也有轻重吗？"

"诗词，音韵是一个主要的因子，自然有轻重，不过也有大致一定的法则。平声字总延长一点，仄声字总急促一点；而散文却和文章内容有关系，和文章的风格有关系。气势盛的文章，要用高昂的语调来表示。同时，一句文章，Accent的不同，意思便不一样。例如'你好'读得轻些，便是问句；读得重些，便是责备别人的意思。又如'看什么'读得轻，也是问句；重些，是不准别人看的意思。一句文章中每字读得轻重不同，可以表示这句的主意。例如'亡羊补牢，未为晚也'，这里，'亡羊'、'补牢'和'晚'字是主意所在，应得重读的；如果不分轻重一律平平过去，句意便不易显示了。"

李先生率性慢慢地坐下来，喝了一口茶，注视着章明的脸，又继续说下去：

"现在人一听说读文章便感觉到太冬烘，其实读文章却并不很笨拙。无论语体文、文言文，都是可以诵读的，不过只要表达出文中的语气，不必拘拘於一定的调子。文章不去读，实在没法可以使学者熟悉文调、文句和作者思想的。散文，音调上的美是在於错综，有时连用几个仄声字，使文句生硬，可以表示强烈的感情。从前人说韩愈的文章盘屈诘牙不好读，其实他正在利用音调的变化使文句有音韵上的美点。古体诗也是如此。"

他随手从抽斗里取出一张纸来，用铅笔写了，上面加了许多记号，章明伛过身子来看着：

君不见—黄河—之水—天上来〰〰

奔流—到海—不复回〰〰

又不见—高堂—明镜—悲白发〰〰

朝如青丝〰〰暮成雪———。

"其中有·的符号是应重读的地方，〰〰是拖长音的，—是促音，———是较长音的地方。你看这样不是可以表示作者的主意吗？

"因此可以知道加虚字是和语句音节上有关系的。从前赵普和宋太祖到朱雀门下，看见匾额上写着'朱雀之门'，太祖便问赵普为什么要加一个'之'字，赵普回答他说是语助词。太祖当时讥笑着说：'之乎者也，助得什么？'其实太祖并不明白这个道理。但是后来的人，有只知道音节的漂亮而随便加虚字的，也有人做骈文以'汉高之祖'和'秦始之皇'来作对，文理便不通了。"

章明心会地微笑了一下，向李老师点点头，他觉得读文章是有相当的理由的。

"所以我看看文章不容易记忆，读读便容易背出了。"章明得意地说。

"读文章不单可以了解作者的本意，懂得文调的应用，而且也可以使读音准确。你看，现在有许多许多的人，往往将认识的字读音弄错了。如果每篇文章能诵读几遍，那么文章中的生字也不致让他含糊过去了。"

李先生立起来，把窗子打开来，外面的风立刻吹进屋子来，把闷热赶走了。窗外一片绿色，也增加了室内人的凉意。

"这不过是读文章最紧要的关键，要自己到处体验才好，假若要研究国文科上的学问，单靠教室里讲选文是不够的。"李先生含着笑，一边说，一边用手整理乱堆在窗口的书籍，"贪讲话，连开窗子也都忘掉了。"

　　章明乐意地看看李先生，他今天得了不少的兴奋和安慰。教师的慈爱，今天他才亲切地领受到，现在他是有了寄托与归宿了。

　　外边蝉声更噪了。垂杨在微风中荡漾，柳头还留着几丝微弱的阳光，是那么温和可爱的。偶然门外有几个人谈话的声音，一会儿又没有了，只剩着蝉声的悠扬。

　　章明立起身来，整理桌上他自己的书，李先生瞧见了。

　　"怎么，这许多练习簿？"

　　"是的，我是借了同学的教科书来抄写的，教科书实在太贵了。"章明脸红红地答。

　　"终究是一个肯努力的孩子。——快五点钟了，你在这儿吃夜饭吧！"

第三章　句的构成

　　清晨，南风带着潮湿吹到了学校后面的广场上，太阳烦腻地躲到云背后去。虽然是一个阴天的早上，但是燠热却依旧留恋在这里，给予人们以无限的纳闷[①]。晚蝉断续地呻吟，在悲哀它将毁灭的生命。

　　不久，雨开始下了，杨柳枝上也渐渐挂着清泪。秋，它的先声已暗暗地来到了。

　　葡萄棚上的黄叶撑不住雨的重量，大都向下面垂过来，於是棚上更零落了。几叶已枯黄了的叶片，随着风雨到地上来。小狗怀着喜悦的姿态，在雨中直穿过去。

　　这里本来是一个嘈杂的场合，然而这天却什么都静静的，只有微风偶然有带上窗子或房门的声息。有时，

---

① 纳闷：发闷。——编者注。

也夹着几响檐漏水的丁东。

　　陈祖平身上的衬衫已湿透了，因为想避免雨的淋湿，他的步伐有些急促，以致一双崭新的皮鞋上已有了不少泥淖了。他左手摸摸被雨涂得光滑的头发，右手放在裤袋里，在葡萄棚左边的墙角上闪着。

　　他摸摸他袋里的信，这是他哥哥从香港寄来的，要他立刻去找李亦平先生。在这信接到以后，祖平感到一种烦恼和畏惧。因为他近来常常被教师们夸奖他的聪明，因此他就不大愿意接近教师，同时又因为玩的趣味，对书本也渐渐地生疏起来。他感到去谒见一个教师，难免会引起他一些恐惧的心。然而他哥哥是他素来景仰而畏惧的，他不能随便反抗哥哥的命令。

　　他父亲是前清的翰林，当然翰林的资格和学问是足以使他景仰的。因此他从小便熟读了"四书"和《诗经》，也写了一手端正的小楷。本来他爸爸反对他上学校读书的，后来经过哥哥的力劝，他终於到学校里读书了。近来，他感到爸爸似乎思想太陈旧了，哥哥自己努力在工业专门学校里毕了业，一个人到香港去生活，这勇气是可以佩服的。同时，爸爸对哥哥的冷淡，又使他觉到自己前途的可怕。

　　他又看到他父亲板着留着长白胡髭的老脸，在批评现代语体文的时候，他总不免怀着讨厌的心情。然而每当爸爸絮絮不倦地替他解释古文，他又释然了。

　　他对李先生的印象并不坏，但是历来几个国文教师实在太使他失望了，因此他对于新来的教师总不免会有许多不好意的猜度——也许李先生知道我功课好，故意托人叫哥哥来拉拢我的？也许是爸爸的意思？

　　他抖抖衣服上的雨珠，向广场上走去。在这排小屋子的门口仔细地看了一会，胆怯地在左边的一扇小门上轻轻地打了两下。

　　接着，陈祖平在李先生的屋子里出现了。最使他诧异的是屋子里没有李先生而只有章明一个人在——他独坐在方桌子前，面前翻开了不少书本。他立了起来，镇静地招呼祖平，带着微笑的脸颜：

　　"祖平，来，来！我们正在讨论一个问题呢。"

　　"李先生呢？"祖平有些妞妮①，嗫嚅地，但是见

---

　　① 今用"忸怩"。——编者注。

了章明，又有些喜悦的样子，"你是什么时候来的？"

"我现在就住在这里啦！李先生是我从前的老师，他瞧我可怜，就叫我搬过来啦！"章明高兴地说。他招呼祖平，大家在方桌边坐下了。"李先生刚才去会一个客人，快回来的。"

学校里只上过两天课，他们的友情还不十分浓厚，当然，章明是一个孤儿，平凡的穿着和沉静的态度是不会被同学们注意的。平时退课后的喧哗，更增加了章明的寂寞，同时，也许别的同学还对他有些歧视，这正鼓起了他努力的勇气。在平凡而不快意的生活中，他又感到了快意。

祖平随手披阅着桌子上的书，第一本便是《国语文法》，另一本是李先生的著作《文章学》。这两本书都是翻开的，他知道他们正在讨论着文章上的问题。他对他们的生活感到有些羡慕。

"章明，怪不得你对於国文有相当的研究！"

"哪里，我哪里配谈得上研究呢？我是一个没父母亲的孩子，流浪到上海来，没有财产，没有光明，我的安慰是从书本里来的，我需要知识，我努力追求知识。

现在，我觉得自己太渺小了，我所知道的是这样的少啊！"章明诚恳地在申诉自己的苦恼。

祖平感着有些感动，拿自己的环境和他来比比，真算是非常幸福的了。但是自己却轻易地放弃了这好机会。他有些惭愧，在这时代中他变成了落伍的一个。同时，他又佩服李先生，他能将在苦难中的青年拯救出来。

"章明，你始终是幸福的。"

章明露出感激的眼光，看看陈祖平的脸，没有说话。他摸摸自己的头发，有些感动的样子。

李先生匆匆地从外面进来，穿着一件旧灰色的绸衫，布鞋上已沾上了些污泥，在地板上留下几个很显明的足迹。他摸摸头上的水，右手在衣袋里掏出一方手帕来揩干眼镜上的雨点。他看见了陈祖平，熟识地点点头。

"咳……"

"李先生！"陈祖平立了起来，不自然地鞠了一躬。他先介绍自己："我是秋二的学生陈祖平。"

"哦！哦，坐！坐吧！"李先生睁开了一双天生的大眼，向祖平伸伸手，是叫他坐下的意思，又回头看看章明，"你们是同班的。"接着，他拉过一柄破旧的椅子，自己先坐下来。

"李先生，我的哥哥有信来，叫我来向先生问问好。"祖平直直地立着，注视着李先生的脸。

"令兄是……"李先生说着，凝神在追想着什么事。

"我的哥哥叫陈祖年。他信上说和李先生同事过。"祖平涨红了脸。

"哦！那是五年前的事了！我们同在汉口做过事。"他把自己放在沉思里，"祖年是一个很积极很努力的人，他给我过不少的勇气和安慰。想不到就是令兄！——尊大人好吗？有空我得到府上去拜望呢！"

"哥哥信上说，请李先生多教我些国文上的常识。"他随手掏出一封信来，交给李先生。

李先生怀着兴奋的心展读着这封信，脸上浮动出喜悦而又伤感的表情来。他读完了信，搓搓手：

"好的，祖年的弟弟，我应该当作自己的弟弟看待，你有什么疑难，我可以尽心来告诉你。诺，这是你的同学章明，他也是在困苦中自己努力的一个孩子。"

李先生说着这话，指指章明，章明脸上现出谦恭的微笑。

"你没事吗？今日在这儿吃中饭。咱们正在讨论一个小小的问题。我想，你也不必客气的。"李先生接着说，老实不客气地自己倒茶喝了。

"李先生，你不是说句子的构造要有一个合理的方式吗？但是我记得读过的文言文中却有许多句子是不能以文法来图解的。"章明继续在讨论这问题了。

"是的，中国古文里喜欢用省略法，因此常常将句中的主词或述语省略了的，要补足了方才可以图解。这且不去论它，我们先得知道：大凡句子的造成，不外乎三种基本形式……"李先生拿出一张白纸来，上面写着：

1. 实体词＋不及物动词。

"例如《沈云英传》里的'云英甲而驰'一句，便属于这种形式的。'云英'是实体词，'甲'和'驰'都是不及物动词。这种文句可以演化成一长句，例如'在墙角已爬上在竹篱尽端迎风颤抖着的牵牛花，已受着秋风的摧残而渐渐地憔悴了'这句话，初看起来好像很复杂，实际上，主词只不过是一个'牵牛花'加上动词'憔悴’罢了，所以这一句也是属於这一类形式的。”

李先生继续又写了第二项：

　　2. 实体词＋及物动词＋受词。

“例如《核工记》里的‘舟尾一小童，拥炉嘘火’。实体词是‘小童’，及物动词是‘拥’和‘嘘’，受词是‘炉’和‘火’。这是简单的句子的例。繁多的如：‘在檐际点点不绝像离人夜泣的泪一样的微雨，吹打在窗外的在西风摇荡着的芭蕉叶上，显出了秋夜的寂寞。’这句便比较繁复，而它的主干，仍旧是‘雨’为主词加上及物动词‘打’再加上受词‘芭蕉叶’罢了，也和《核工记》中的那句构造一样的。”

李先生想了一下，看看两边两个静穆的孩子，又在纸上写了下去：

　　3. 实体词＋关系动词＋补足语。

“例如《游西湖记》中的‘洞顶怪石，如古树倒垂'这句，'石'便是主词，'如'是关系动词，'树'便是补足语了。这是简单的。又如：'太阳斜照在鸡冠花的瓣上，鲜血而透明的花瓣已变成晶莹的血片了。'句子虽然比较长些，而其中的主词是'花瓣'，关系动词是'变成'，补足语是'血片'。

"无论哪一种文句，无论它如何复杂，总逃不出这三种变化的。文言文中常常省却某一部分，但是仔细去推求，却不难得到。"李先生又随手在纸上写了五句句子：

> 项羽，下相人也。
>
> 盛夏正午，冷落清秋。
>
> 退而考诸文籍。
>
> 洞开，如延纳状。
>
> 人一能之，己百之；人十能之，己千之。

"这里，第一、二句是属於第三式的，第一句'项羽'下面[1]，省了'乃'字或'是'字；第二句在'冷落'

---

[1] 原书为繁体字竖排版，故这里的"下面"实指本简体字版"右面"；同理，这段中"上面"实指本简体字版"左面"。后同（如第70页）。——编者注。

下面，省了'犹如'两字；第三句是属於第二式的，上面开端省略了主词；第四句也是上面省了主词'门'或'户'字；第五句也是属於第三式的，'己百之'和'己千之'二小句，都省了'能'字。

"因此，我们做文章，常常因为句子复杂了而忽略了主干的组织，文句便不通了。我曾记得从前学校里有一句文章是……"他又将这句文句写了下来：

> 狮子般的胆量，猴子样的敏捷，骆驼样的耐苦，才是现代青年。

"这句话，初看来似乎是对的，但是仔细分析起来，便有些不通了。它缺少了一个补足语，因为'现代青年'并不等於'胆量'、'敏捷'或'耐苦'的，这句要在'青年'下面再加补足语'的精神'才好。因为'敏捷''耐苦''胆量'都是属於精神一类的，是不是？"

李先生顿住了语头，向章明和陈祖平看看。陈祖平心会地微笑起来：

"是的，这种错误，我们是常常容易忽略的。……

这句是属於第三种形式的了。"

"但是如果写成'有狮子般胆量，猴子样敏捷，骆驼样耐苦的精神的，才配称现代青年'，这样是不是没有毛病呢？"章明问。

李先生站了起来，点了一支烟，又坐下去，继续说着：

"对！改文章没有一定方式的，只要把原句改得通顺就对。好比一个病人在医院里，无论用什么方法医治都可以，只要使他病好就是。照你的改法，最重要的是下面的一个'的'字，就是说，具备上列三个条件的人，是'现代青年'。这'现代青年'是一个词儿，意思并不指现代一般年轻的人，乃是说'理想的、典型的现代的青年'。从前有一个武人演讲，他说：'敌人把蔡公时的耳朵和鼻子割去了，这是太不卫生了。'他将'卫生'两字当作了'保卫生命'的意思了。"

祖平忍不住大笑起来，章明也抿着嘴在微笑。

"李先生，但是有几种句子是很繁复的，我曾读过一句报上的文章——让我写出来。"祖平取笔在纸上写了：

枪杀请愿之民众，在政府已无所逃其责，固无论其所请愿者之为何事也。

"……大概是这样的一句。这句句子的主词便不容易找出来了。"他天真地张着嘴，等李先生回答。

"这句的主词恐怕就是整个第一句——'枪杀请愿之民众'呢！"章明插嘴说。祖平凝想了一会，有些不大相信的样子。

李先生将吸剩的烟头丢到屋角去，看看纸上的句子，又触发了他的话头：

"章明的话不错，但是这在文法上叫作什么呢？"

没有回答，大家静静的，窗外的雨已停了。

"文法上有'复句'和'子句'的分别，'子句'在'复句'里面，它的功用等於一个词儿。祖平所说的那一句，子句是'枪杀请愿之民众'，这子句中省去了它的主词'政府'了。而整个子句在这复句中当作了主词。

"因此我们可以知道子句在复句中可以作实体词用，例如刚才所说的那一句；又可以作静态形容词用，如果改成'枪杀请愿民众之政府'，那么'枪杀请愿民众'便成形容词，形容'政府'了；又可以作动态形容

词用，这在语体文中常可以见到，如：‘当……的时候。’

　　"以上子句都是作单词用的，但是也有作句的一部分用的，例如《史记·项羽本纪》中的‘亚父东向坐——亚父者，范增也。……’其中的一个子句，是当作解释用的，删了也可以。同时，子句也可以分作两种：如前面祖平所说的子句，离开复句是无法存在的，这种子句可以称它为‘附属子句’；像刚才所说的例，‘亚父者，范增也’这句话，可以独立存在，我们可以称它为‘独立子句’。明白吗？"李先生说。

　　章明和祖平都点点头。

　　"这是文章句子上的基本常识。明白了句子的组织，就可以看出别人文章上的错误，同时也可以使自己作文没有毛病。从前人说文章之道可以意会，不可以言传，於是一班文人便认为文章之道是非常玄秘的。元遗山诗上说‘鸳鸯绣出从君看，不把金针度与人’，便有卖关子的神气。其实文字的组织，可以有法则来循的，并非什么奥妙的东西。当然，文章的变化由乎各人的天才，但是从初学看来，却非得要明白这里面的几种关键不可。如果作文是不传之秘，那么学校里还要有什么国文科呢？你们随便读什么文章，都得仔细地去研究一下，意义便会明白，读书也容易了，作文也方便了。"

　　李先生说得很有味，他们也听得有趣。屋子外面漏进淡淡的阳光来，窗外的柳枝被微风动荡了，洒下几滴雨水，在太阳里发出晶莹的光。蝉声又低吟起来，是中午的时候了。

第四章　语气

　　星期四下午的第一课便是国文。祖平因为离家很近，吃过中饭零点十分便到校了。教室里寥寥地连祖平只有五个人，他们都是很熟识的。一个是全级年龄大的一个，他叫王绍其，从小在私塾里读书，文言文已经会做了，但是作文的第一名却不是他；高高的个子，平顶，夏布长衫，一切举动都很规矩。因此，全班同学送给他一个别号——孔夫子。他很努力，小楷写得特别好；有时他也高兴"对客挥毫"，替同学们写写立幅或扇面，小同学都崇拜他。这时候他正用红铅笔在圈课本上的文章。

　　教室的东边角落里，三个人在坐谈①，中间的一个

---

① 坐，旧通"座"。——编者注。

脸圆圆的孩子，便是秋二的级长了，原来宏文中学一级级长的资格是总成绩全班第一名。——林志坚的名字，教师们都熟悉了的，他很聪明，各种功课都很好，不过身体太不行了，十六岁的人，长得不很高，黄黄的脸色，表示他营养的不良。他是一个木匠的儿子，生活环境不允许他多吃些营养品；同时，对於功课的努力，使他更消瘦了。据说，中学毕了业，还得去学生意去。小孩子们始终不懂得生活的苦恼的，他在学校里总是兴高采烈地和同学们争辩或谈笑。他正在和他的好朋友——赵云峰、钱嘉淦——在讨论语体文和文言文的优劣。

陈祖平匆匆地推开了教室门，他们都抬头看了他一眼，又继续在争论了。

祖平自然地坐在林志坚的旁边，参加了这个会议。

"当然是文言文好，你想，为什么初中国文教科书里语体文多，而高中的却文言文多呢？可见语体文来得浅近，文言文来得艰难。如果语体文重要的话，那么为什么高中反而少读呢？"赵云峰得意地讲。这时候，隔壁在圈着书的王绍其也在开始注意他们的谈话了。

"不对！你的理由不充足！"钱嘉淦举起手表示不

赞成。但他的口齿不很清爽，这种发急的情形，使他们大家都狂笑起来。

林志坚从容地说：

"我想，文言文是陈腐的、过去的东西，语体文是现代的、新颖的。现代人应该说现代语，应该读语体文，做语体文。文言文譬如是京戏，语体文譬如是话剧；京剧是不合情理的，因为它是落伍的。"林志坚用黑油纸扇挥了几下，眼睛里发出得意的光。

王绍其气愤地立了起来，大声地插进了话头：

"这完全是偏见，许多人压根儿没念过一篇文言文，不会知道文言文的好处，便开口骂文言文了！总而言之，文言文来得简洁。一篇五百字的文言文，翻译作白话，非两千字不可！白话文啰啰嗦嗦地说了一大堆，不知道在说些什么！"他鼓起勇气替文言文辩护。

"那么你讲话为什么不用文言呢？"祖平惯喜欢讽刺人。王绍其的脸上气得发青了。赵云峰抢着来回答祖平的问话：

"难道语体文一定和说话相同吗？你是宁波人，你作文时把宁波土话都写进去吗？'大'字明明嘴上念

'杜'，'人'字明明嘴上念'宁'，你能把这些声音写到文章里去吗？"

"那当然可以……"祖平刚开口，林志坚抢着说下去了：

"语体文上常常写着苏州或上海的方音，这是可以的。"

"文言文是古人的口头语，是死人的口头语呀！"祖平继续说下去。

"那么，你为什么还要念文言文呢？"赵云峰反唇相讥。

"政府的命令未必一定是对的！"祖平答。

"不，不是这个意思。"林志坚又在发表他的意见了，"因为要研究古代的一切文化，所以要学习文言文的。而现代的应用却是语体文。"

……

外面几个同学探进头来看看，又走开了。外面谈笑声渐渐地高了起来。章明手里拿了书，头上都是汗，一面用练习簿当扇子，一面用手在揩额上的汗珠。

他们看见章明来了，仍继续在争辩着他们的主题。

祖平却高兴地站了起来："章明！来，咱们正在辩论一件事！"

"辩论什么？"章明摸不着头脑地说。

"你说文言文好，还是语体文好？"祖平在等他的回答。

志坚和绍其仍在继续争论着，他们不曾理会章明，也不曾听到章明的话。

"我的意见，文言文和语体文并无优劣可分的。文言文是古代的文字，我们也得学习它；语体文是近代通行的文字，我们更要学习。如果文言文现代是淘汰了的东西，那么新闻报纸上为什么用文言呢？如果说语体文是没有用的，那么有许多研究的著作为什么要用语体写？总之，语体文有些和外国语相近，翻译文总以语体为妥当。拿这两者的内容组织来比较，实在没有什么两样。例如'这是我的过失呀'和'是余之过也'没有两样的。"

接着上课钟响了，同学们像潮水似的涌了进来。喧闹声打断了他们的小小的议论声，他们默默地走到自己的位置上去。王绍其鼓着嘴，还在恨祖平说话太尖酸。

教室里的秩序很混乱，各人在谈各人的天，几个女同学在狂笑，王绍其脸上现出讨厌的样子。扇子的影子在强烈的阳光中闪耀。有的在吃冰棒糖，急急地将包纸和糖棒塞进抽屉里去。

不久，李先生的清瘦的脸庞又在这教室的讲坛上出现了。点过名，开始讲解上次未教完的《左忠毅公轶事》。

王绍其举起手来，同学们的目光都集中在他身上。

"文言文的语气和语体文的语气有不同吗？李先生，你说哪一种好？"

李先生放下书，开始在微笑了。他不说话，拿了粉笔在黑板上写了许多句子：

则史公可法也！　　　是史公可法啊！

乃史公可法乎？　　　是史公可法吗？

乃史公可法耳！　　　是史公可法呢！

岂史公可法哉？　　　难道是史公可法？

此史公可法矣！　　　这是史公可法了！

"你看，上排是文言文的各种语法，下排是语体文的各种句法①。你们看，文言文和语体文的语气有不同吗？

　　"可见语体文和文言文是分不出好歹的，不过每一种体裁里用了虚字，语气便各各②不同了。口头说话也是如此。说'你来'说轻些，是叫他走过来的意思。辛弃疾的词上说'杯，汝来前'也是一样的。但如说读得重，'你来'便含有对敌的意思。这要用标点来说明了。《论语》上的'居，吾语汝''来，吾与尔言'也是直接写出当时语气的。现在浙江绍兴人口头语里常用'哉'字，这是古文上遗留下来的语音，《论语》上说："饱食终日无所用心，难矣哉。'这话在口头上说来，也是同样的语气。

　　"韩愈的《祭十二郎文》你们总读过了，这文章我写一段出来给你们看……"

---

① 原书为繁体字竖排版，故这里"上排""下排"分别指本书此处上面引文的左列和右列；也就是说，原文中的"上""下"二字在现在这本简体字横排版中，应分别对应为"左""右"二字。后同，恕不再一一注明。——编者注。

② 各各，亦即"各个"。——编者注。

李先生又回过头去写了：

> 呜呼！其信然耶？其梦耶？其传之非真耶？信
> 也，吾兄之盛德而夭其嗣乎？汝之纯明而不克蒙其
> 泽乎？少者强而夭殁，长者衰者而存全乎？未可以
> 为信也，梦也，传之非真也。

"用了这许多'乎''也''耶'字，把他悲哀的
情绪全都写出来了，这是语气的好处。欧阳修的《醉翁
亭记》每节末句用'也'字来煞尾，这都是着重语气的
关系。

"语气的变化全在乎句调，同样一句话，可以有许
多不同样的说法。例如说'下雨了'，这表示天气的转
变。本来不是雨天，而现在却在下雨了。又如说'下的
是雨'，意思是天上落下来的不是雪或其他的东西，而
是雨。上句着重在'下雨'两字，下句着重在'雨'
字，而意义都完全不同了。这便是语调的关系，文言文
和语体文是一样的。

"我们就利用这一个钟头来谈谈语调吧，这对於

读文章同做文章都很有关系的。我们再举几个例子来谈谈吧！"

　　教室里大家静静地在听着，有的同学也忘了抄录黑板上的句子了。李先生一边揩去黑板上的灰，一边在说着这些话。不多时，黑板上的白字又写满了一角：

　　　　人会出汗

　　　　汗是人出的

　　　　人出的是汗

　　　　出汗的是人

　　　　汗从人身上出来

　　"这五句话，轻重便不同了。第一句是说一种普通的现象；第二句着重在汗的来源，这句话在论理学上有些说不通，因为狗也未始不出汗；第三句重在'人出的'三个字，这句话把'出汗'两字分开了，所以也有些模糊了；第四句犯着和第二句同样的错误；第五句是生理卫生研究者的说法。所以我们作文如果题目是说汗的，不妨用末一句的说法。如果题目是热天，那么可以说'在热天，人会出汗'了。句子的安排适当与否，是使文章好或坏的一个重要的关键。

"从前人作文，很重语调，连几个虚字都不肯随便乱用，因为虚字是可以调剂语气的。我讲几个故事给你们听。《宋稗类钞》这部书中说，欧阳修做了一篇《昼锦堂记》，里面有两句是'仕宦至将相，富贵归故乡'。韩琦见了，非常爱赏。几天之后，欧阳修差人将这篇文章的稿本讨了回去，说是要改几个字。改来之后，别的地方都和以前一样，只有在这两句中加了两个'而'字，成为'仕宦而至将相，富贵而归故乡'。加了两个'而'字，於文章意义上并没有什么两样，但语气却和谐自然得多了。

"这书上又记载了一件故事，说范仲淹年轻时和宋祁同做文章，题目是'长啸却敌骑'。范仲淹先做了，前面两句是'制动以静，善胜不争'。宋祁很佩服，但是对他说：如果你的文章里再加两个'者'字便更好了。你们想'制动者以静，善胜者不争'是不是的确比没有'者'字的原文好些？"

王绍其听了李先生的话，自己在点头，他虽然比别的同学多念过一些文言文，但是他却不曾知道文言文也是和语体文一样着重於文法和语气的。他佩服李先生的话，他想他以后也该多知道一些文法了。

"但是我并不是教你们专心在虚字上用功夫，前面的例子，不过是说古人对於句调的安排是非常注意的。我们常见到有许多文章不用一个虚字，也有很美妙的意境的。《世说新语》上便大都是这一类句子。例如桓温对树所发的感慨，他说：'树犹如此，人何以堪？'又如桓温平蜀之后，将李势的女儿做了如夫人，他的太太很妒忌，拿了刀带了婢女到她房里去，想杀了她。这时候，李氏正在梳头，乌云般的头发拖到地上，看见了太太，便慢慢地挽了头发说：'国破家亡，本无心至此，若能见杀，是所本怀。'意思是她本来不愿生在世上的。太太见了，丢了刀抱住她说：'我见犹怜，何况老奴？'前面的四句和桓温说的两句都不曾用虚字，而语中的神情却表示得非常深刻，可见传神并不一定要靠虚字了。语体文也是如此，譬如说：'肯努力的人是有希望的。'如果去了'的'字便不妥当，将'的'字改成'了''呢''吗'意义也各各不同了。

"关於句子的安排，在《扪虱新话》和《唐宋八家丛话》里说了几句意义同而次序不同的文句。"

李先生将上面所要写的句子都写好了，再写出几句文句来：

> 马逸，有黄犬遇蹄而毙
>
> 逸马杀犬於道
>
> 适有奔马践死一犬
>
> 有犬卧通衢，逸马蹄而死之
>
> 有犬死奔马之下

"当时，大家以文句的繁简[①]来批评造句的人文章的好歹，其实不过每句的观点不同而已，并无好歹可分的，其中都不曾有文法的错误，次序也合乎论理，所以文章的好坏也应以上文下文联络[②]与否作标准，也不能单独来定论的。

---

① 原书为"烦简"。——编者注。

② 原书为"连络"。下同。——编者注。

"因此，文言文和语体文两者的不相上下，可以不必再讨论了。不但文言与语体如此，诗、词和曲，散文和骈文，都是并行不悖的文体，只有文章形式上的各异，没有好和不好的分别的；流利的语体文当然比缠夹的文言好，通顺有力的文言也比噜苏的语体文高明。"

李先生拭拭额上的汗，镇定地向教室四周巡视了一下，中午的阳光直逼在屋顶上，整个屋子像烤在火炉上一样，柱子挺挺地立着，红色的板壁更使屋子里加上了些热度。同学们的头在攒动着，女生的绿色的绸扇又开始在闪动起来。

第五章　语文研究会

　　星期日的上午，因为上一夜落了急雨，天气很凉快。章明穿了一件很干净的大衫，从宏文中学出来，向西走去。地上还留着不少水潭，加以车辆驶过时带来了纵横的泥痕，使走路的人感到不便。章明脚上是半新旧的运动鞋，在行人道上走着。他很仔细地看着地上的泥泞，怕弄污了刚换上的衣裤。

　　近几天来，他的生活安定得多了，精神上的安慰使他自己丰腴了些，做一切事也觉得有勇气得多了。更使他喜悦的是，近来他多了几个知己的友人：陈祖平本来对他有些歧视，现在却似乎有些佩服他了；其他林志坚、赵云峰和王绍其他们，都是自大的人，近几天也努力地和他来接近。在孤子寂寞的环境里，他得到了同情。当然，这也得感谢肯予援手的李老师；同时，他所以能走入这幸福的圈子，也是他自己的努力。

路上的车辆很多，人也很挤，章明对於上海的路径不很熟悉，使他没有思索的余暇。他走过了两条交叉的马路，停下脚来，看看手中祖平给他的信。

信上是这样写着的：

章明：

我近来对於国文很有兴趣，这兴趣是你和志坚、云峰这几个人鼓舞起来的，我得感谢你们。

我想，研究国文的常识，单靠个人的思索是不够的。因此，我想邀几个朋友来组织一个"语文研究会"，想探讨一些国文文法上的知识——你以为"研究"两字不太过分了吗？

我决定邀你们在下星期日上午十时到我家里来谈谈，我已经和妈妈说过了，顺便请你吃中饭。爸爸已经到香港去了，因此，我们不会受拘束的。

来吧！我的家是在东营路北平路口十五号，离学校是很近的。

祖平

这信上的字写得很草率，是交给校役转交的。恰巧这天他没有事，李老师要出去访朋友，没有时间教他的书，于是他毅然地应了祖平的邀请。

这件事，他有些受宠若惊的心情，他经过几番考虑才决定的，同时又怕他家里不会招待小孩子的朋友，但他始终是去了。

沿着马路向西走去，是租界的尽端，再过去便是越界筑路了。这地方在往日是很好的一个住宅区域，但是在现在却染上了一阵可悸可怕的气象。路的两旁是一些梧桐和不知名的大树，短短的冬青连接地种着，几间西班牙式的房屋刷得很新了。汽车并排着闪耀出光芒来，接着，一排排的兵士走过他的身边，使他有些跨躇起来。他几乎走入一个可怕的世界了，他仔细看看路上的牌号，转弯向南走去。

前面是一排洋式的房屋，外面有一个小小的草地，灌木丛生着，浓绿得可爱。他找到了所要找的房屋号数，四周端详了一下。

这所住宅，在上海是总算有山林趣味的了。在幽林密菁包围之中，高高地耸立着这半新旧的屋子。下一层地基筑得高高的，在石级的左面有一扇小门。走上石级去，两边都是紫藤沿满了的，隐约地现出紫红色的大门来。

　　章明按了按门铃，祖平从里面跳出来，握握章明的手，引他到里面去。

　　一间大房屋被隔成了两间，中间是用紫色的幔子遮开的。外边是会客室了。这里，在别人或许并不觉得奢华，但在章明看来却是仙境了。前半间的上首是一张大的丝绒的靠榻，上面放着许多古董，两条用细竹编成的竹席子四缘用绿色的绸镶上，放在榻子上，中间又有一只大的瓷瓶和烟缸。地下擦得光光红红的。榻的左边有四扇从上边一直开到地上的窗子，用绿色的纱遮着；前面也是一张长长的沙发，对面是临空一张红木桌子，负着一个长而细的花瓶，里面插着几株新鲜的水仙花。再对过去，是两张单人的皮椅和小几了，旁边一架立直的留声机，张着大嘴，静静地立着。壁上上首是张很旧的中国画，题款很小，不容易看清楚；再旁边是一副对子，用红色的朱砂笺写的。墙的那边有几张油画和不曾裱过的字画。

　　章明被邀坐在靠榻上了。祖平开了上面的电扇，给他倒了一杯茶，看看壁上挂着的大钟："你倒是遵守时间的。"

　　章明要求参观他们整个屋子，要求见祖平的妈妈，祖平都答应了。

　　他的妈妈是年纪在四十以上非常和蔼的人，她很同情章明的遭遇，几次叮嘱着要章明好好地伴她的孩子读书。"语文研究会"的组织，她是乐予帮助的。她说："祖平的爸爸管祖平很厉害，要是他不到香港去，他一定反对孩子们随便组织什么团体的。"她又说："我从前是喜欢在外面找几个朋友讨论讨论学问的，现在到这里以后，一切都荒疏了。"祖平要求他妈妈做研究会的顾问，她很乐意地答应了。

　　到会的一共有九个人。章明、祖平和林志坚、赵云峰、王绍其以外，还有两个同学——李铭常、陈定一，他们是昆山人，年纪都很轻；还有二位女同学，是姊妹的关系，徐修锦和徐修纹，她们的家在法租界的南面，路最远，所以顶迟到。

　　钟打了十下，他们的会议便在客堂后半间的长桌边开始了。祖平的妈妈很喜悦地占了一个位置。大家推举主席，祖平当选了。

"好，让我先来说说这会议的组织吧！我近来对国文感到很多的兴趣，常常在教室中和诸位谈到一些国文上的问题，但是我想这样太没有系统了。我们都是渴望着智识的人，因此不妨大家具体地来组织这个会议。关於这会的名称，诸位认为妥当吗？"

大家静默了几分钟，都在考虑这会的名称。祖平要他妈妈发表意见，大家决定仍旧沿用这所拟的名字——语文研究会。

"我的常识是很缺乏的，最好能请几位顾问。"徐修锦提议。

一阵商讨之后，决定请李亦平先生和祖平的妈妈两位做导师了。章程议定了之后，接着便要求祖平的妈妈——他们的导师，做一个关于语文上的短短的演说。

起先，她几次推辞了，终於要不过这批孩子们的纠缠，静静地想了一会，便开始说了。

"关於语文的范围，很大，要研究高深的语文学是一件困难的事，尤其你们初中二年级的学生们。依我的意思，你们先研究些语文的文法吧！这里面有很多的益处，会给你们作文和阅读上很大的帮助。文章并非是神而明之的事，里面有文法的组织。但是我得先声明：文法不是发生於有文字之前而是从许多文章里归纳出来的，初学国文的人应知道文法，但循着文法做的并非一定是好文章。

"但是孩子们总得先明白文法上的结构，否则文字上的错误是不大容易说得清楚的。文章的三种基本形式，我听祖平说，你们学校里的教师已经说给你们听过了。我现在想说说关于文句最普通的知识——词类。

"词类可以分作九种，你们读过英文文法的人，大概总知道的。九种是：

"一是'名词'。名词是事物的名称，用来表示观念中的实体的。例如：'笔''屋子'……

"二是'代名词'，是代替名词用的。例如'他'可以代一切男人，'她'代女人，'它'代一切动物或静物。'我''你'也是代名词。名词和代名词两种合起来可以称作'实体词'，是实在的物体的意思。

"三是'动词'。动词是用来叙述事物的动作或者功用的。譬如说：'造''走''打''笑'等。动词可以分作两种：一种叫'及物动词'，一定下面要跟着名词的，如'造'字和'打'字，可以说'造桥''造船'和'打人''打球'；一种是不及物动词，下面无须跟名词了，如前面的'走''笑'，可以说'人走''我笑'，已经足以表示意思了。还有一种是'同动词'或者称作'关系动词'，就是英文上的'to be'，用来说明事物的性质、种类或形态的，譬如说'人是动物''花红似血'，其中的'是''似'便是同动词了。动词也可以称作'述说词'，表示事物的作用的。

"四是'形容词'，用以区别事物的形态、性质、数量、地位的，常常加在名词的上面①。例如'人'是名词，'大'是形容词，可以联成'大人'。较长的形容词，下面总跟着'的'字，例如'温和的''美丽的''光明的'都是。

"五是'副词'，用以限制或分别事物的形态、动

---

① 原书为繁体字竖排版，故此处用"上面"而不是"左面"。——编者注。

作、性质等，常常附加在'动词'或'形容词'上。例如'走'是动词，可用'快走'的'快'字来限制；又如'红'是形容词，可用'很红'来限制。'快'和'很'，便是'副词'了。同时副词也可以加在另一副词上面，例如'飞快地走'，'飞'字也是当作副词用的。副词常常后面跟'地'字，如'勇敢地前进''袅娜地摇曳'都是。还有，形容词和副词两种合起来可以叫作'区别词'。

　　"六是'介词'，又称作'介系词'，用以介绍'名词'或'代名词'到'动词'或'形容词'上去的。例如'把'字、'从'字、'将'字等，用以表示时间、地位、方法等等关系的。其中'的'字很特别，'的'字往往放在所介绍名词之后，和其他的介词不同。例如'月亮的光'，如果用'从'字便要说：'月光从月亮里发出来了。'

　　"七是'连词'，用来联络词与词、语与语、句和句的。单字如'和'字和'同'字。也有复词如'虽然……可是……''与其……不如……'等都是的。连词与介词两种合起来可以叫作'关系词'。

"八是'助词'，用以帮助词和语句，表示说话时的态度、神情的。这一种词的功用等於一种符号，本身是没有意义的。'的''吗''呢'和'矣''也''者'等都是。

"九是'叹词'，是一种表示说话时表情的一种符号，它的本身也和'介词'一样，例如'啊哎！''唉'等等。叹词和助词都是表示情态的，又合称为'情态词'。

"这是九品词种的最简单的解释。九种之内又可以分作五种。中国字一字有好几种用法的很多，所以单提出一字，不很容易说它在哪一类的，要整句句子一起写出来，才可以说明哪一个是名词，哪一个是动词。要看句的构造来辨别，所以造句也比用词紧要些。

"除了词类之外，最主要的还有所谓'位'，实体词有七种。

"第一种是'主位'，是实体词做主语的。主语常常在句子的前面，例如'雨下了'。但是通常也有倒置的，上句也可以说作'下雨了'。但总之是句中最主要的一个实体词。

"第二种是'呼位'，呼位乃是离开句子而独立的。叫一声别人的名字再说话，这名字便是用在呼位的实体词了。

"第三种是'宾位'，名词在宾位的，就是这句中的宾语。上面的动词一定是及物动词，宾词做了这动词的受语了。但是'我送他一支笔'这句中便有两个受词，这叫作'双宾位'；'笔'是直接的受词，'他'便是间接的受词了。直接受词又可以称作'正宾位'，间接的受词又可以称作'次宾位'。但是'正宾位'常常'将''把'等字提前用，例如上面的例子也可以说作'我将这支笔送给他'。

"第四种是'副位'，凡名词用在'介词'之后的——除了上边的'把''将'等字，都称作副位。例如说'鱼在水里游'，'水'字便是介词'在'字的副位字了。但是有时介词却省了的，例如说：'这篇文章，在昨天已写好。''昨天'上面，有了介词'在'字，因此'昨天'也是在副位的。但是在口头语里却常将省略介词的副位名词放在句首。例如说：'昨天，我已经写好这篇文章了。'位置虽然不同，而组织是一样的。

"第五种是'补位'，将实体词用在述语的连带成分中叫补位。补位一定在同动词的后边，和主语是相同的，它在句中作补足语用。例如'人是动物'，动物便在补位了。

"在补位的实体词不一定是主语的补足语，也可作宾词的补足语。例如说'他将蛇斩成两段'或者'他以为蝙蝠是鸟类'。这名称在英文文法中是没有的。

"第六种是'领位'，凡实体词用作形容附加语的，都叫作'领位'，其间常常有一个介词'之'或'的'字。例如说'他的书''平民的生活'。

"第七种是'同位'，是两个宾体词同在一个位置的。不论主位宾位、领位副位，都可以有同位词的。这名词，在英文中叫作'Apposition'。例如说：'这聪明的孩子——王大，功课总是很好的。'又如：'他们三个——王大、王二、王小，都来了。'又如：'电气，它在现代世界上是有很大的权力的。'其中'王大'便是'孩子'的同位词，'王大、王二、王小'是'他们'两字的同位词，'它'是'电气'的同位词。

"——这便是实体词的'七位'。

"研究文法，这是最普通的一些常识，你们必须先要知道的。名词、代名词等详细的用法，得自己仔细地去探讨，也可以当作你们的语文研究会所应最先研究的东西。从前人以为文法是非常繁琐的，但是仔细研究却是很有趣味的呢！

"我国最早研究国语文法的人，是清朝的马建忠。他在光绪年间用中国'四书'、《史记》、《汉书》的文章，依西洋文法来研究。他的一本力作《马氏文通》是很有名的。可惜所举的例子是深奥的古文，你们不容易懂得，将来有机会时，也可以去读一读它呢！

"读书并不是一件容易的事，愈多读，便愈觉得繁复而难，所谓'浩如烟海'了。我希望你们愈研究会愈有趣味，大家永远像今天一样地热心，一样地努力，不要虎头蛇尾，一遇到困难便大家退后了。

"同时，我也得关照①你们：研究学问是竞争的，而不是妒忌的；是互相帮助的，而不是互相仇视的。对於一个问题，尽可以讨论辩驳，但不可因此伤了你们的和气。古来有许多人都因为一时学问上的探讨，而终於

---

① "关照"在这里为"通知、提醒"之义。——编者注。

翻了脸，这只不过表示他们气量的小罢了，希望你们不会如此。

　　"我所说的，只不过是最简单的一点，但是也是语文的基础。将来有机会时，我可以先参考些书本来和你们谈谈。"

　　祖平的妈妈的话说完了。大家像咀嚼过一些糖果一样，快乐地互相交换了一个微笑。这次章明做了记录，将这些话整理起来，作为语文研究会第一次集会的成绩。

第六章　急雨

　　天气虽然是初秋了，酷热还笼罩着大地，日光像火舌一样，使整个大地都灼热了。祖平家的周围有一个小小的院子，绿色的树叶减却不少热意。但是在中午，屋子里泻进几缕树叶遮不住的阳光，再加紫红色的用具反射出使人焦灼的光来，电扇在空中奔跑，但是风却是热的。

　　屋子里很亮，但是也更热了。祖平吃过了饭，显着有些热得受不住的样子，脱去了外边唯一的一件衬衫，穿了汗马夹，烦躁地在电扇下乘凉。一班孩子们都是脸上红红的，坐着在喘息。祖平家里的小狗也在会客室的门口蹲着，伸出了红红的舌头。

　　祖平的妈妈在后间帮仆人们收拾屋子，这班孩子们不知道客气，将祖平家里的一顿中饭菜吃完了。

　　祖平立了一会，看见他妈妈出来，笑着说：

"妈，你用的碗太'七大八——'了。"

大家听了有些诧异，看祖平，又看看祖平妈妈的脸。祖平的妈妈笑着拍拍他的肩：

"在许多客人面前，你应该庄重些，因为你是主人了。"虽然是一句责斥的话，但她却更和善了。她再对大家说："'七大八——'是'小'的意思，这是我们的土话。讲话常用这种方法，叫作'歇后语'。

"说起歇后语来，非常有趣。清代褚人穫《坚瓠二集》中有一个故事。有一个人姓黄——他的嘴上有些毛病，大家叫他作'小黄窍嘴'——在某和尚寺里读书。有一天和尚送面给他，因为面热，失手倒翻了，姓黄人便嘲笑他说：'光头滑——，光头浪——，光头练——，光头勒——。'下文歇了'面''汤''搋''弎'四个字。於是那和尚便嘲笑他道：'七大八——，七青八——，七孔八——，七张八——。'下面也歇了'小''黄''窍''嘴'四个字。"

大家都狂笑了起来。

当时辰钟打了一下之后，这班孩子又兴高采烈地继续开他们的会了。

他们需要再知道些修辞上的事，大家再要祖平请他的妈妈来说一下，当然，这要求也是不会被拒绝的。

她匆匆地洗了手，休息了一会，在楼上拿了一本书来，开始在喜悦的氛子里说话了：

"我对於修辞学是门外汉，你们既然嬲着要我再说一些，我不能推却，但是这不过是一种大纲，你们还得自己去努力的。

"关於'修辞'两个字，到现代才盛行起来。在西洋古代，有雄辩的风气，'修辞'实在最初完全是做雄辩用的。但是中国古代《易经》上也有一句'修辞立其诚'的话，那么，就用这两字来译原文'Rhetoric'了。文法是使文章如何可以通顺，修辞是使已通顺了的文章如何能更动人。所以，如果将文章修饰得更不明白，便失了修辞的本义了。

"关於修辞学，陈望道的《修辞学发凡》是一部很好的书。里面谈到修辞的三种用处，我可以再来说说：一，用以解决疑难；二，消灭歧义；三，确定意义。同时也可以治疗两种文病：一，治疗琐屑的模仿；二，治疗美辞的堆砌。

"读了修辞，要能够实用，对於赏鉴及作文都有很大的益处。修辞不单是在文字上的修饰，内容也应注意。内容的修饰在乎自己的修养，关於自己生活上的种种经验，正可以增进自己学问上的知识。莫泊桑的老师弗洛贝尔教莫泊桑要经历种种事情。西洋有许多作家，他们为了要多得些经验，自己亲身去做水手或工人。但是，人世间的事，有许多是不能亲身去体验来的，例如，服毒便是一件不容易体验的事，那么便得用想象了。想象并不是幻想，也是应该透过了经验的选择而发生的。

"不但经验自己的日常生活而已，也得仔细观察世间一切事物。所谓'世事洞明皆学问'确乎不是一句迂腐的话，弗洛贝尔说世界上绝对没有完全相同的两块石子，这不同是要自己去观察的。这不单是修辞上应下的功夫，也是做文章的基本事项。

"但是修辞的现象并不是一定不易的，中国历来研究修辞全着重在文字上，所谓'与其伤洁，毋宁失真'。其实这并不是修辞的真义。桐城派古文者主张作文当以'雅洁'两字做标准，因此林纾翻译西洋的小说，便闹出'拂袖而去''一灯如豆'的笑话了。试问西洋人的袖子可以拂吗？在电学昌明的现代，还会'一灯如豆'吗？这便是不肯伤洁而失真的例子。这种修辞，也是不行的。

"还有古人作文，喜欢掉书袋，这也是误解修辞的地方。"

她将手里的《修辞学发凡》翻开来给大家看一段文章——是《思益堂日札》中的一段：

凡人摘裂书语以代常谈，俗谓之掉文，亦谓之掉书袋。"掉书袋"三字见马令《南唐书·彭利用传》，利用自号彭书袋，传中所载掉文处，真堪绝倒。《传》有云："或问其高姓，对曰：'陇西之遗留，昌邑之余胄。'又问其居处，对曰：'生自广陵，长侨螺渚。'其仆常有过，利用责之曰：'始予以为纪纲之仆，人百其身，赖尔同心同德，左之右之。今乃中道而废，侮慢自贤，故劳心劳力，日不暇给。若而今而后，过尔勿改，予当循公灭私，挞诸市朝，任汝自西自东，以遨以游而

已。'时江南士人每於宴语，必道此以为戏笑。利
用丧父，客吊之曰：'贤尊奄岁，不胜哀悼。'利
用对曰：'家君不幸短命，诸子糊口四方，归见相
如之璧，空余仲堪之棺，实可痛心疾首，不寒而
栗。苟泣血三年，不可再见。'遂大恸。客复勉之
曰：'自宽哀戚，冀阕丧制。'利用又曰：'自古
毁不灭性，杖而后起，卜其宅兆而安措之。虽则君
子有终，然而孝子不匮。三年不改，何日忘之。'
又大歔欷。吊者於是失笑。会邻家火灾，利用往
救，徐望之曰：'煌煌然，赫赫然，不可响迩，自
钻燧而降，未有若斯之盛，其可扑灭乎？'又尝与
同志远游，迫至一舍，俄不告而返，诘旦，或问之
故，利用曰：'忽思朱亥之椎，尚倚陈平之户，切
恐数钧之重，转伤六尺之孤。'……"

　　看完了，祖平笑着拉了他妈妈的手，问道："妈
妈，真有这种人吗？这真是一个大古董！"
　　妈妈抚摩着他的头发："这便是错用了修辞了。"
　　祖平的妈妈因为有些小事走了，她的演说也就此终

止了。他们很扫兴，尤其是祖平，撒娇地拉住他妈妈不放。

章明感到了一种难堪，他觉到祖平对他妈妈的亲密是故意炫耀他的。他低下了头默默地说："他们是幸福的！"

四点钟，夕阳已爬上了那边一间屋子的尖顶，远处古寺的钟声也悠扬地传过来，像失意人的低泣。屋子里走出几个青年的男女孩子来，他们脸上浮着微笑。大家向祖平道了谢，各自东西走散了。

章明立在屋子左边的小草地上，眼看着他们各自都上了电车，才慢慢地向东走去。

热天的傍晚，马路上的暑气还很盛。那边有几个苦力在修理马路，沉重的铁锤跟着喊声举起来，又放下去，汗儿渗透了他们背上的破衣，黑的肤色在阳光下闪出光来。一个年轻的孩子，拖着一条大铁条，踉跄地走过来。

这拖铁条的工作，在章明眼里是很触目的。他同情这青年的遭遇，又暗暗地为自己庆幸。一霎时，一辆自备汽车从东边驶来，冲着这孩子肩上的铁条，孩子接着倒下来了，车辆从他身上辗了过去，又突然停止了。

"猪猡！"是开车的大汉高吹的声音。

血，鲜红的血色在章明的眼光里出现了。他打了一个寒噤，战抖着的手遮住了自己的脸，匆匆地向隔壁的一条较小的马路上走了。

他惘惘然地走着，眼前是一片漆黑。他看见一个粗而黑的魔手握住了一个脆弱孩子的心，似乎这孩子就是他自己，他自己已遭逢着这可怕的厄运①了。一阵阵凉风吹到他身上，他觉得有些冷意——人间的惨剧是做不完的，同时也看不完的，不幸他自己现在也还是在苦难中挣扎着的人，这种可怕的景象，当然会刺激一个素来不惯都市生活而孑然一身的孩子的心的。他恨这世界，也恨这社会。

时间过得很快，晚凉已到达了人间。夕阳只有丝毫的光芒了，风更凉了些，人们觉得秋意了。

① 原书为"恶运"。——编者注。

第七章　在病中

上午第一次上课钟响了之后，一切都静寂起来。经过几次微雨以后，庭院里的牵牛花开得很盛，残蝉的悲吟也不多听见了，正是初秋的景象。

在宏文中学后面的广场上，地下还留着昨天雨后的泥泞，天气是阴沉沉的，几堆瓦砾静静地堆在屋角。李先生从外边进来，手里端着一包橘子，匆匆地走进自己的卧室里去。

屋子里比以前干净了，整齐了。方桌的右边，多摆着一张小小的铁床；章明躺着，脸上是红红的，有些发烧，两只手伸出在一条白布单被的上面，似乎在沉思什么。

"李先生，别为了我这么忙，我是不要紧的。"章明看见李先生匆忙的样子，低低地说了这几句话。

　　李先生将橘子堆在章明的床头，拍拍自己手上的龌龊，再按按章明的额角。

　　"怎么样？药水吃过了？"

　　章明向李先生凝视着，点点头，他的眼里充满了泪水。这是感激的泪。

　　"李先生，你别着急，我不过有些伤风。你太忙了，我心里是很难受的！"他有些哽住了。李先生直立在他床前，喃喃地："小孩子不要多心。自己养养吧！"

　　李先生这么一说，章明更引起了悲哀。眼泪挂在颊上，拉拉李先生的手，要他坐在床沿上。看看李先生黄而愁苦的脸，长着长长的头发，他想到了自己的母亲，他更想到母亲和他临别的那一幕。

　　"李先生，祖平和我们组织了一个语文研究会呢！"他想纾解老师的一番忧虑。

　　"祖平已经告诉我了，青年人应该这样的。"李先生坐在床沿上说："下礼拜日你们到这儿来开会吧！"

　　李先生立起来，在抽屉中抽出一本簿子，拿过来变给章明："这是你的作文簿子——大体可以过去。中间几句你忘了加标点，我不懂你的意思。"

章明躺在床上翻开了这本簿子，这里面没有加标点的几句是：

我现在真幸运全无一些窒碍来牵制我自己。

章明看了，面上更泛上了红色。李先生的话匣子又打开了。

"你这几句和故事上所说的'今年正好，晦气全无，财帛进门'的这几句，又可以读作'今年正好晦气，全无财帛进门'。你作文里'全无'两字连上读，是表示你的不幸，但是连下读却正表示你的幸福。你不加标点，使我无法断句了。所以标点不是一种点缀品，乃是文章上必要的符号。

"记得有一个笑话，说有一个行人在弄里小便，巡捕抓住了他，要罚他的钱，他从容地责问巡捕：'为什么要罚钱？'巡捕指指墙上斗大的字说：'你不认得这几个字吗？'他抬头一看，墙上写着'行人等不得在此小便'九个字。他笑着向巡捕说：'我正因为"等不得"，所以在这儿方便了。'

"这九个字没加标点，便有两种不同的读法；而这两种意思是绝对不同的。这不单是现在人的文章有这种毛病，古人作文，往往不加标点，以后，后人读古书便各有各的读法。例如归有光的《寒花葬志》里面有'孺人每令婢倚几旁饭即饭，目眶冉冉动孺人又指予以为笑'。可以读作：'孺人每令婢倚几旁饭。即饭，目眶冉冉动。'或者：'孺人每令婢倚几旁饭，即饭。目眶冉冉动。'"

李先生立起来，在书架子上翻了一阵，随手抽出一本书来。章明看见是一本蓝色的薄薄的书，写着几个红字，是《文章讲话》。李先生翻了开来。

"你看，这上面说朱自清的《背影》的第一句，有三种读法：

> 我与父亲不相见已二年余了。
>
> 我与父亲，不相见已二年余了。
>
> 我与父亲不相见，已二年余了。

虽然意思没有什么大不相同之处，但是点号①加在'父亲'之下，'父亲'两字语气便较其他两句强些；加在'不相见'下面，'不相见'的语气也同样地增强了。

"又如'树梢月冷，天上星稀——但不知明夜此身，又在何处'，最末一句的下面，有的用'？'号，也有的用'！'号，其实这里用'？'号，只不过是一句普通的问句，而'！'号却可以表示无限的感慨。虽然是一点小小的不同，而它的表情、语气上是有很大的差异的。

"古人写文章，也有直录当时的口语的；不加标点符号容易使人不明白。如《尚书》里的：

> 莫丽陈教则肄……肄……不违，用克达殷集之大命。

《史记》里的：

> 汉王三让，不得已，曰："诸君必以为便……便……国家……"

---

① 今称逗号，下同（参见后面第 102 页注①）。另，此句"之下"对本简体字版而言，应理解为"之右"（见第 44 页及第 56 页之注）。——编者注。

又如《周昌传》里的：

> 帝欲废太子，而立戚姬子如意为太子，周昌廷
> 争之强。上问其说，昌为人吃，又盛怒曰："臣口
> 不能言，然臣期……期……知其不可。陛下虽欲废
> 太子，臣期……期……不奉诏！"

"'肄'是学习的意思，表示当时病重气喘说话的情形。《史记》里的'便……便'表示刘邦当时得意妞妮的态度。'期'就是'极'，因为当时周昌气愤极了，又是口吃，便连着说'极……极'了。假如不加标点符号来说明，别人也不容易懂得的。

"《水浒传》里写到鲁智深火烧瓦官寺的时候，不是在那边遇到一个道士崔道成吗？鲁智深一见那道士，便睁圆了眼，大声说：'你为何把寺来废了？'那道士说：'师兄请坐听小道……'鲁智深雄赳赳地说：'你说！你说！''……说当初……'写到这里，金圣叹的批本上便竭力称赞，说它写得神出鬼没，草线灰蛇。其实一用标点，神气全出了。如果这里不加标点，非但别人不

能懂得它的妙处，并且也许还有人要说他'不通'呢。

　　"从前人作文，大都不用标点符号。记得有一次有一位同学写信给他的父亲，信里用了新式标点，他父亲看了便勃然大怒，说：'你太瞧不起我了，这么浅近的文章我会看不懂？要你加上这许多标记！'头脑冬烘的老先生们往往容易这样想。儿子写信用标点，正是好意，他深恐自己的文章太不好了，父亲会看不明白，而他父亲却误会了儿子的好意。

　　"标点符号的发生，并不是突如其来的，老先生们反对用标点符号，而自己作文有时也会用'、'或者'。'来断句的，也有每句的第一字不加圈点，而其他的都有圈或点来表示。"

　　李先生立起来给章明倒了一杯水，自己也喝了几口，拿一支铅笔在一张文选上加了几个符号给章明看：

　　　　马伶者金陵梨园部也金陵为明之留都社稷百官皆在而又当太平盛时人易为乐其士女之问桃叶渡游雨花台者趾相错也

"这种标点，不容易看得清楚，同时标点也麻烦，它只能分开每一句句子，而不能帮助别人了解其中文句的主意与文法，及句与句间的关系。文法里面，一句中有'Phrase''Clause'和'Pause'——让我举一个例子，便可以将这两种标点法做一比较了。"

他随手翻出一本《十三经》来，是《左传》昭公七年的一段，这里的标点是很简单的：

……匹夫匹妇强死。其魂魄犹能凭依於人。以为淫厉。况良霄我先君穆公之胄。子良之孙。子耳之子。敝邑之卿。从政三世矣。郑虽无腆。抑谚曰蕞尔国。而三世执其政柄。其用物也弘矣。其取精也多矣。其族又大。所凭厚矣。而强死。能为鬼。不亦宜乎。……

"这里只曾将每句分开，於句间的关系不能表示出来，你看，《国语文法》中替它标点好了。"

章明慢慢地接了李先生交给他的书，念着已标点了的一段：

……匹夫匹妇强死，其魂魄犹能凭依於人，以为淫厉；况良霄——我先君穆公之冑，子良之孙，子耳之子，敝邑之卿，从政三世矣（郑虽无腆，抑谚曰"蕞尔国"，而三世执其政柄，其用物也弘矣，其取精也多矣），其族又大——所凭厚矣，而强死，能为鬼，不亦宜乎？……

"虽然我的程度够不上了解这文句，但我可知道了标点的用处了。"

李先生看看手上的表，又接着说下去："所以标点符号的用处，在消极方面说，可以避免种种的误解——无论是读古人的文章，或近代人的文章，没有标点便不清楚，使读者不懂得作者的本意。你曾听到过这个关於标点上的笑话吗？

"有一个人寄住在他朋友家里，住得很久，他朋友有些讨厌他了，但不曾当面对他有覆绝的话。有一天，外面下着很大的雨，他随手在墙上写了：

落雨天留客

五个字。这时他朋友出外尚未回家。后来看到了这五个字，他笑了起来，在他五个字下面也添了五个字：

　　天留人不留

写后就走开了，他以为这客人看到了这几个字一定要羞惭而出门的。哪知第二天客人依旧不曾走，看看墙上的十个字，旁边已加上了标点符号了，变成：

　　落雨天，留客天。"留人不？""留。"

他见了，不觉狂笑起来，於是他的客人又安静地在他家作客下去了——这不是不加标点的错误吗？所以从前有许多讼师，常常在别人的诉状里，用这方法来驳斥别人的。

　　"用了标点符号，便无这种毛病了——这是消极的好处。

　　"至於它积极的用处，是可以表达句语的表情。例如：

斯人也而有斯疾也

如果句末用'。'号，这不过是一句普通的断语；如果用'！'号，便表示惊叹了。——这是积极的功能。

"所以标点符号是因说话而自然产生的：有说话，说话有各种语气的不同，故标点符号不能不用！

"但是在现代却有许多人滥用标点，他们没有对标点的用法认识清楚，以为可以随手乱加的。平淡的叙述都随手加上惊叹号，你们作文里，常常可以见到。这一期作文课，我还记得有一个同学写着：

电影院外面的铁门开了！外面的人像潮水一样地涌了进去！

在'电影院'三字上加了私名号，每句后面也加了惊叹号。'电影院'是一个普通名词，为什要加私名号呢？同时，这几句都是平常的叙述句子，虽然加了惊叹号，但是始终还是没有用处的。

"也有人喜欢多用惊叹号，有时将几个惊叹号连排

在一起，写成一个'州'（！！！）字。惊叹号乃是用
以表示惊叹的情绪的，用一个已足以表示了，至於惊叹
程度的深浅，是不能用惊叹号来表明的。如果这种用法
是对的话，那么情绪愈增，符号一直要用到几千万个才
止呢！

　　"也有人喜欢多用破折号，他们以用得多为贵，随
便在句子中插入几竖①，你们的文章，也有这种毛病。
记得有一句是：

　　　王儿的哥哥——王大——也在——上海——这
　　孤岛上读书。

其实这两个破折号是可以省的，用了反而将文句弄得不
清楚了。也有的将不是问句而有一个'呢'字的加上了
疑问号，同时真正的疑问句里没有'吗''呢'等字的
便忘了加疑问号了。我说两句给你听：

---

① 　这里用"几竖"，是因为当时书写、排版都是由上至下竖写、竖排的。——
　　编者注。

　　谁说努力的人一定会成功的呢？你看，王儿先前不努力，现在留级了。

这句'呢'字下面可以加疑问号吗？还有：

　　明天如果下雨，你来不来。

这句'来'字下面可以加句号吗？可见单看句子的形式是不成功的。

　　"其他，'分号'大家认为是一件不容易用的符号，便没人会用，你们的文章，大家是一点（，）到底的。但是有几种句子却不能用点号来用的。例如：

　　舞弊，是一件可羞的，事情。
　　虽然，今天下雨，我也要出去。
　　环境，可以支配我们。

这几句的点号都是错误的。第一句和第三句是犯了同样的错误，主词、宾词之间，除了主词过长以外，不可用点号来分开的。第二句'虽然'下面加点号和不加点号，意义上是不同的：加标点，'虽然'表示全句意思的转变；不加标点，单指上一句语气的转变，下一句变成断语了。所以全篇文章一直用点号点下去是不行的。如其标点符号是这样简单的，那么和旧式圈点有什么不同呢？

"现在的青年学生往往有相对的两种不准确的观念：一种是喜欢赶时髦，同时却不肯用心，闭着眼乱说，以为凡是旧的东西一概是不对的，而新的东西呢，也不肯努力研究，跟在别人后面做，别人是懂的，而自己却都是错误。闹出了笑话，还不肯承认，不知道惭愧。另一种是受了旧的传统思想的毒素，以为旧的东西一定是好的，於是新创出来的各种学说、议论，都深闭固拒。即以标点符号来说，有许多人在批评新式标点符号的没有用，在批评新式标点符号的麻烦与不通，无论你怎么说，总是不相信；另有许多人开口骂旧式标点符号的不适用，赞成新式标点，而自己做出文章来却将标点完全弄错，这不是一个极大的笑话吗？所以随便哪一种学问，先要懂得了，明白了，才可以加以批评，那么这批评才是准确的，有根据的。你们作文，先得要把标点弄明白才好呢！"

章明心会地点点头："但是我们从小学到现在，先生们都不曾详细说过标点符号的用法。所以我们只知道用标点的好处，而不知道它详细的用法。"

李先生摇摇头，叹了一口气："但是也有许多学生认为讲标点符号是一件头痛的事。"

章明翻了一个身，用手理一理被单，恳求地："李先生你可以把它的用法详细地告诉我吗？"

"不，你还病着——多谈话，觉得乏力吗？"

"李先生，我，我在听你的话，将一切的烦恼都摆开了，我很好。"他拉着李先生的手过去按他的额角，"不是已凉了许多了？"李先生含笑看看他天真的表情："别忙，快十点钟了，我下课回来告诉你吧！"

第八章 关於标点符号

下午，李先生回来之后，祖平也跟着进来了。

"章明，真对不起，那天下午想不到会下这么大的雨，你竟受了冷了。"祖平坐在章明的床沿上，很亲热地说。

"这是我身体的不好，你这样说，我是很不安的。"章明瞧瞧祖平的脸，"语文研究会怎样了？"

"本来今天预备开会，不凑巧得很，我的爸爸昨儿晚上回来了。他是不赞成我念语体文的，因此不能到我家去开会。大家也想到这里来聚会的，一则不曾征求过李老师的同意，二则你又病着——咱们等你病好了再开会吧！"

"李先生，你现在有空吗？你别忘了我刚才的要求呢。"章明天真地说。

"什么？"祖平睁大了眼向章明望望，"章明，你有什么要求呢？"

李先生慢吞吞地："好！我说吧！"向祖平笑笑："他要我说标点符号的用法。"

"用标点符号，那是很简单的，只要记牢每一个符号的名称和样子就够了。"祖平大声地说。

"祖平，你静听着，这里面有许多我你都不知道的东西。刚才我也以为标点是简单不过的，哪里知道有许多问题在里面呢！"

於是一次小小的演讲开始了，祖平做了这次演讲的记录员。

"所谓'标点符号'，含有两层意义：一是'点'的符号，一是'标'的符号。用以分开文句的叫作'点的符号'，又可称为'句读符号'；用以标记词句的叫作'标的符号'，又可称为'文字符号'。

"中国古代有'离经辨志'的方法，见于《礼记·学记》，大概把句离开一些写。到汉朝研究章句之学盛了，才有'句读'，又称作'句投'，又称作'句度'；但当时所用的符号，已经不可见了。到了宋朝，馆阁校书的方用旁边加圈点的符号，以后这圈点符号，古人常用赏鉴文章用的。

"新式标点符号之产生，为了要表达文句的表情，使文句的语气格外明显。这是较旧式圈点进步的地方。

"现在开始讲标点符号的用法——先说'点'的符号，它可以分作几种①：

"一，逗号——逗号（、）的形式像一粒瓜子，用以分开文句中几个连排在一起的名词的。也叫作'顿号'。例如：

这屋子里有电灯、沙发、铜床、桌子等东西。

'顿号'通常有人将它和'点号'并在一起。但是为清楚起见，还是分开的好。

"二，点号——点号（，）的用处最多，也最复杂。其重要的用法是：

---

① 以下所述内容与今标点符号之称谓、用法多有不同。请读者留意。——编者注。

"甲，分开并列的词语、词组或者子句。例如：

（分开词组）春天的郊外是美丽的：红色的花，淡绿的草，和深蓝的远天。

（分开句子）公理可以胜强权，而有时强权却抹煞了公理。

"乙，用在倒置在主词前面的点号，例如：

中国社会不上轨道，是我们年轻人的耻辱。

"丙，用以在太长的主词或要重读以示着重的主词和宾词之间的，例如：

（主词太长）在屋角墙脚下经秋雨的吹打而已半枯萎了的天竹子，正斜拂在它旁边的枯树根上，现出憔悴的样子。

（表示着重）真正杀人的，是社会，不是强盗！

"丁, 分开主句和附句, 例如:

上海, 已被称为孤岛的上海, 现在正是"风雨如晦"了。

天已在下雨了, 我们走吧!

"三, 句号——句号(。)用在成文而意思已经完足的句子之后。如果是一组复句, 一组完成才用句号。

我爱热闹, 也爱冷静; 爱群居, 也爱独处。

失败是成功之母。

所以文章每段之末与全篇文章的末了, 大都是用句号的。

"四, 分号——分号(;)大家认为是很讨厌的一种符号, 它的用法大抵不外下列几种:

"甲, 两个独立的句子, 在文法上没有联络, 在意思上是联络的, 可用分号来分开它。例如:

放了他吧; 他是一个无罪的好人。

这句话如果用句号，似乎太分开了；如果用点号，便太密切了。这里最适当的是分号。

"乙，一句句子里如有两个或两个以上的子句而有一子句已经有了点号，其间可用分号分开。例如：

春来时不知爱惜；春光漏尽了再后悔，却嫌迟了。

"丙，分开结构对比的句子。这一种骈文上常常用它。例如：

研究自然现象的叫自然科学；研究社会现象的叫社会科学。

又如：

所恶於上，毋以使下；所恶於下，毋以事上；所恶於前，毋以先后；所恶於后，毋以从前；所恶於右，毋以交於左；所恶於左，毋以交於右：此之谓絜矩之道。

"五，冒号——冒号（：）的用法有时也像分号，分号折衷於‘点号’‘句号’之间，冒号也是折衷於分号与句号之间的。冒号通常的用法，是在写信时一开头的称呼之下，和说话引号之上的，但是仔细将它的用法分析起来：

"甲，总起下文。例如：

> 佛家以为人生有四种痛苦：生、老、病、死。

这里下文是解释上文的‘四种痛苦’的，所以用冒号。普通说话用冒号也是这意思，但稍稍有点不同。例如：

> 臣闻鄙语曰："见兔而顾犬，未为晚也；亡羊而补牢，未为迟也。"

冒号在这种用法之下，常常加在引号之前的。

"乙，总结上文。冒号在这种用法时，加在总结句的上句之末。例如：

贪懒、说谎、糊涂：都是你的恶习惯。

此外标题，或总冒之词及短语，常常也用冒号。如：

仪：先平明，谒者治礼。

"以上这五种称为'点的符号'。这五种的用法并不十分呆板，有时也可以活用的。再举一个例（见黎锦熙的《国语文法》）：

戴震段玉裁王念孙阮元王引之们的治'经'；钱大昕赵翼王鸣盛洪亮吉们的治'史'；王念孙俞樾孙诒让们的治'子'；戴震王念孙段玉裁邵晋涵郝懿行钱绎王筠朱骏声们的治古词典：都有相当的成绩。

也可以点作：

戴震段玉裁王念孙阮元王引之们的治'经'、

钱大昕赵翼王鸣盛洪亮吉们的治‘史’、王念孙俞樾孙诒让们的治‘子’、戴震王念孙段玉裁邵晋涵郝懿行钱绎王筠朱骏声们的治古词典，都有相当的成绩。

也可以点作：

戴震、段玉裁、王念孙、阮元、王引之们的治‘经’，钱大昕、赵翼、王鸣盛、洪亮吉们的治‘史’，王念孙、俞樾、孙诒让们的治‘子’，戴震、王念孙、段玉裁、邵晋涵、郝懿行、钱绎、王筠、朱骏声们的治古词典，都有相当的成绩。

这三种实在没有什么差分的。但是应该注意的是这五者的关系是一定的，不能随便；一句用了什么符号，下文便得依照这符号的用法而审慎地用其他的符号。”

李先生的话顿了一下，抽着一支烟，休息了几分钟。看看表，已经是下午四点半了。祖平急急忙忙地在整理着他的记录，脸上笑眯眯地现出满足的笑。章明看看李先生，又嚷着要看祖平的记录，祖平着急地说：
"慢！慢！我还没整理好呢！"

虽然是初秋的下午，室内很有几分霉雨时节的意味。李先生的那一件旧绸单衫上汗也渗了出来，他一面立起来，一边自言自语地："忘了脱长衫了。"他已浸润在这两个孩子的爱里，忘掉了自己。

不多时，他又继续在说下去了。祖平匆匆地将削好的铅笔衔在嘴上，呆呆地听着。李先生的语调是慢慢而沉重的。

"再说'标'的符号，标号有七种：

"一，问号——问号（？）好像一只耳朵。问号的用法是：

"甲，表示诧异和发问。例如：

其是之谓软？

你也能担任这工作？

疑问之中有些是反问句，反问是本无疑问而偏用反诘的语气来加重语意的。用疑问号当然不算错，但有时实在还是用惊叹号来得适当些。例如：

> 树犹如此，人何以堪！
> 但不知明夜此身，又在何处！

"乙，有时一个词儿或一层意思表示不确定的时候，在词儿下面可以加疑问号的。例如：

> 在二十年（？）以前，这里曾流过不少的血。

表示'二十年'的数目不很可靠。又如：

> 杀人放火，这是他们赐予我们的亲善（？）了。

表示'亲善'这名词有些问题。但这种用法，不可以加在句子的末了的。

"二，惊叹号——惊叹号（！）表示强烈的情绪、愿望及祈求。例如：

夫差，而忘越王之杀汝父乎！

我们要认识自己，充实自己！

唉！孺子不足与谋！

述语倒装於句首的疑问句或感叹句，可先用点号来分开，例如：

什么，你刚才说的？

但也可以用惊叹号的。

"三，引号——引号（『』）（「」）（""）的样式虽然有三种，但是实际上只有二种。（『』）和（「」）是直写时用的，（""）是横写时用的。它的用法是：

"甲，标出援用别人的话的起讫。

他心里想："天下哪有学不会的事，我何不自画几枝？"

"乙，标出特别着重的词语，例如：

　　这里形势雄壮，真不愧这"虎门"两字。

"引用的话加了引号，大都是直接语，所以加引号时要注意说话的人称关系。例如：

　　一个难民摸摸他的肚子说：他已三天没吃饭了。

如果在'说'字下面加引号，便非把'他'字改作'我'字不可。同时，直接语若是很长，要在引号内独立地用标点，否则最后的一个标点，可以随着引号外面的下文而定。例如：

　　"月明、星稀，乌、鹊南飞"，此非曹孟德之诗乎？

'飞'字下面用点号，是依引号外面的符号而用的。

"用引号时还有一个问题，就是引号里面最后的一个标点要加在引号内的。但引用语不长而末了又不是问号或惊叹号，或者不是很正式的引用语（如上面的例子），那么最后的标点也可以加在引号之外的。

"四，破折号——破折号（——）有三种用处：

"甲，表示忽然转变一个意思。例如：

　　我现在所见到的，只有明灭的灯火，飘荡的旌旗，树梢月冷，天上星稀——不知明夜此身，又在何处！

"乙，表示总结上文的一小段，如上例也可以写作：

　　所恶於上，毋以使下；所恶於下，毋以事上；所恶於前，毋以先后；所恶於后，毋以从前；所恶於右，毋以交於左；所恶於左，毋以交於右——此之谓絜矩之道。

"丙，是做夹注用的。例如：

　　上海——世界四大商埠之——一——现在已沦为异土了。

它的功用与（）相同。但用破折号时应该注意一点，就是在句中的破折号，要用两次，将所夹注的话上下夹了起来，但这夹注在一段或全篇文章的末了时，可以单用上面的一个，将下边一个省了的。例如：

　　朱门酒肉臭，途有饿死骨。——杜甫诗。

'诗'字下面可以不必加破折号了。

　　"五，夹注号——（）［］夹注号又叫作括弧[①]，用以注释文中的不足的。例如：

　　亚夫东向坐。（亚夫者，范增也。）

当然用破折号也是一样的。

---

① 原书为"括觚"。——编者注。

"至於夹注中间的话，如果很复杂，当然照用完全的标点。但夹注前的符号是……等，便须取消括弧内最后之句号，不可使内外重复。

"六，删节号——删节号（……）有两种用处：

"甲，标出节录的文字，例如：

……树梢上隐隐约约的是一带远山，只有些大意罢了，树缝里也漏着一两点路灯光没精打采的。……

"乙，标出不欲说完的意思。例如：

大家都是同种族的人，闹到后来，大家都……

"七，私名号——私名号（＿＿）加在专门名词的边旁。凡人名、地名、朝代名、学派名、宗教名、团体名，都可以加的。但要注意不可加於普通名词如'电灯''墨水''学校'等词上。例如：

宋徽宗宣和五年，波斯的大诗人荷马死了。

　　"八，书名号——书名号（＿＿＿）凡书名、词曲名、戏剧名，都可以用它。例如：

　　　　元曲选中有一出叫作汉宫秋。"

第九章　古代修辞论

　　章明已经起床了，但是还不曾上课过。他睡得烦腻了，走到前面的寄宿舍里去。

　　所谓寄宿舍，只不过是一间小小的平房，比普通亭子间还小，里面挤着三张双叠的铁床，靠前面窗口有两张半桌，这便是寄宿生们的住宅了。宏文中学的寄宿生不多，上半年曾多到十个人，这学期又只剩六个人了。这六个人中，有四个是三年级的同学，两个是二年级的王绍其和也是新插班进来的李明山。

　　李明山算是一个艺术家了，他自己也居然以画师自居，床头摆着几本画谱和几张明星的照片，也挂着几张他的近作。

　　他是一个非常孤独的人，对同学很冷淡，常常一个人躲在屋子后面呆想。有人说他故意装出艺术家的风度，要讨别人的景仰；有的说他恐怕是别的学校里的开除生，他一定做了什么不可告人的事。

然而他是孤独的，冷酷的，没有人敢亲近他，也没有人知道他的身世。

上课时，他独自坐在最后的一排，没有说话；听听先生的话，有时自己笑笑。他似乎最不喜欢代数，上代数课时，老是在画图，但是当数学先生叫他到黑板上去演习，他总是做得很清楚的。在宿舍内，大家都在的时候，他一个人出去了，时间总花费在后面广场上的徘徊，或者到马路上的踯躅。同学们在星期日出去了，而他却一个人在屋子里住着，也没有人知道他在做什么事。

章明走到寄宿舍里，里面没有人，他坐在王绍其的床沿上等他回来。对面是李明山的铺，墙上又新挂着一张小小的画，是几颗葡萄和一根很粗的藤，是淡墨画的，看上去很有风味。

不久，李明山从外边踱了进来，长长的头发倒梳上去，有些舣形，黑紫色的脸皮，长长的身躯，有些伛偻的样子。眼睛长得很大，也很有光彩。

　　他看见章明，低下头，没有招呼，默默地在自己的床沿上坐了，在抽斗里抽出一本小小的洋装书看着。

　　章明看到了这书的名字，是《新约全书》。他想："原来是一个基督教徒。"他对於宗教所知道的太少了，不敢贸贸然由此断定李明山的人的好坏来，但是却羡慕他能如此沉静地自己读书。

　　他看书看得很出神，差不多将自己的精神全灌注在书里，不觉得旁边有什么人。章明呆呆地看着他，有时怕他会瞧到自己对他的注意，随便在王绍其的桌子上抽了一本书来遮掩自己的眼光。

　　在这种情形之下，李明山倒没有什么，而章明却感到了一种不安。

　　他便静静地看自己手里的书了，是陈望道的《修辞学发凡》，他翻着的一页正是二百三十页，写着：

　　　　旧体诗中的离合体诗，有的也用这一式，如出名古怪的孔融《郡姓名字诗》，依宋叶梦得的解说，便是"鲁国孔融文举"这六个字的离合：

渔父屈节，水潜匿方——离鱼字　｝合为
与时进止，出行弛张——离日字　　　"鲁"字。

吕公矶钓，阖口渭旁——离口字　｝合为
九域有圣，无土不王——离或字　　　"国"①字。

好是正直，女回予匡——离子字　｝合为
海外有截，隼逝鹰扬——离乙字　　　"孔"字。

六翮将奋，羽仪未彰——离鬲字　｝合为
龙蛇之蛰，俾也可忘——离虫字　　　"融"字。

玫璇隐曜，美玉韬光——离"文"字。

无名无誉，放言深藏——离与字　｝合为
按辔安行，谁谓路长——离才字　　　"举"字。②

还有酒令、童谣之类，有时也用这一式。酒令如：

[令]　鉏麑触槐死作木边之鬼。

[答]　豫让吞炭终为山下之灰。

---

①　"国"字繁体字为"國"字。——编者注。

②　"与"字繁体字为"與"字，"举"字繁体字为"舉"字。——编者注。

再后面（乙）项增损又写着：

> 徐之才聪辩强识，有兼人之敏，尤好剧谈谑语，公私言聚，多相嘲戏，嘲王昕姓云："有言则谁，近犬便狂。加颈足而为马，施角尾而为羊。"卢元明因戏之才云："卿姓是未入人，名是字之误。"即答云："卿姓在亡为虐，在丘为虚，生男则为虏，养马则为驴。"（《北齐书·徐之才传》）

章明觉得很有趣味。这本书李先生是有的，在屋子天天见到它，但是始终没有勇气去读，想不到是这么有趣的一本。抬头看看对面，李明山的影子已经不见了，不知在什么时候走的。他真奇怪，为什么这样聪明的一个人，会不喜欢和别人交朋友？也许是他太聪明的缘故吧。

王绍其从外边进来了，满脸都是笑容，正经地向章明点点头，还是以前拘板的样子。章明放了书拉拉他的手："从哪里来？"

"刚刚到亲戚家去，他们邀我下午去看京戏，我不高兴，下午我们学生会里开常务会议，我打算出席，听说三年级春季的同学要出毕业期刊，我想还是出会刊吧，半年一期，这一期创刊号便做欢送毕业同学的专号，你看好不好？"王绍其兴高采烈地问。

"他们——三年级的同学——赞成吗？"

"这里四个都是三年级的代表，我已经和他们商议过了，大概是没问题的。"王绍其在李明山的床沿上坐了说，又看看李明山的乱七八糟的桌子，"他们还打算要他画一张封面呢——你看他肯答应吗？同时还要请李老师做顾问呢。"

章明指指桌上的那本《修辞学发凡》，问绍其说："你看过了不曾？"

"哦！"绍其翻了翻书面，"昨天才买来，没有看过，随手翻了一张看看，很有趣。"

他翻开书来，找出一节给章明看：

《坚瓠》七集（三）载"有人送枇杷於沈石田，误写琵琶。石田答书曰：

承惠琵琶，开奁视之，听之无声，食之有味。
乃知司马挥泪於江干，明妃写怨於塞上，皆为一啖
之需耳。嗣后觅之，当於杨柳晓风，梧桐夜雨之际也。

《坚瓠》七集（四）载"景泰中，有一荫生，
作苏州监郡，不甚晓文义，一日呼翁仲为仲翁，或
作倒字诗诮之曰：

翁仲将来作仲翁，也缘书读少夫工。马金堂玉
如何入，只好苏州作判通。

都是此类，就是年来时常援用的"汗牛之充
栋""意表之外"等辞，也是这一类。
……

他们都笑了起来。王绍其向章明郑重地说："修辞
是不容易懂得的！"

中饭之后，他们两个又在李先生的房间里出现了。
章明告诉他所看到的那几节话。

　　"修辞学是相当有趣味的，但是趣味不全在几个有趣的故事上。离合诗，谐形，这不过是小巧的玩意而已；除了这几种以外，还有神智体和回文体。这两种修辞学的书都有得说到。从几个字一直到整篇文章，都和修辞有关系，一字的敲推，是非常有趣味的。"李先生随口告诉他们一些常识。

　　"那么，修辞学并不是一种新创的学科。"章明问。

　　"当然，近代修辞学的名词，也有的是西洋翻译过来的。我有本书叫《文章修辞》在北方出版，里面也讲到了些中国和西洋的修辞学的历史。可惜现在不能买到。中国古代修辞的议论很多很多，不过没人去找出来就是了。'修辞'两个字，最早见於《易经·乾卦·文言》：

　　　　君子进德修业，忠信，所以进德也；修辞立其诚，所以居业也。

关於'修辞'两字，古人大抵有两种见解，照孔颖达说，是修理文教的意思；照阮元的说法，修辞一定要对偶，要文章的表面漂亮。但是这都不是修辞的真义。
《论语》上有一句话：

> 辞，达而已矣！

所谓‘达’，正是修辞的任务。达有几种达法，所以朱
熹也说‘辞达而已矣也是难’了。而司马光却说：

> 明其足以通意，斯止矣；无事於华藻宏辩也。

其实所谓辞，古代是文言合一的，故孔丘所说的修辞实
在指言语和文辞两者而言的。所谓‘辞者，舌端之文’。
"因此，到唐朝，韩愈他坚执主张‘文以载道’，
所以他不主张文字上的藻饰，他说：

> 意全胜者，辞愈朴而文愈高；意不胜者，辞愈
> 华而文愈鄙。是意能遣辞，辞不能成意。大抵为文
> 之旨如此。

他主张重於内容，实在也是修辞上的重要的一个项目。但是袁枚却以为'骈文是修辞最工的一种文体'，所以主张重在修饰润色，他是本於六朝时候的所谓'文须绮縠纷披，宫徵靡曼'的主张的。"

李先生一面说着，一面在书架下面去抽出一本线装书来，章明瞧见书的外页上有"卷六修辞"等字，李先生匆匆地翻出几条来。

"对於修辞各人的议论不同，这部古书，我已标点过了，你们仔细去读一遍吧！"

王绍其接了过来，他们俩照书上一句一句地念着：

武叔卿曰：词要音响，听之如敲金戛玉；词要色丽，观之如散锦明珠。然有流弊焉，不可不知也。必侈其词以为富，其究失之冗；必缛其词以为丽，其究也失之靡。譬如剪彩为花，非不灿烂可观，而生意索然，殊无真趣。又如美女涂脂，反隐本相矣。故说理之词，不可不修；若修之而於理反以隐，则宁质无华可也。达意之词，不可不修；若修之而意反以蔽，则宁拙无巧可也。修词者其审之。

武叔卿曰：词不雕刻则不工，然过於雕刻则伤气；词不敷演则不腴，然过於敷演则伤骨。其辨在毫厘，而远者千里，故人不废修，有亦不尚重修词也。

顾泾阳曰：意与词，相为联属者也。意铸矣，而词不琢，将并其意失之，如奇古之意，而发为腐烂冗杂之词，则观者但觉其腐烂冗杂而不觉其奇古矣；况意不甚出入，而又无佳句以达之，其为俚鄙，可胜言乎？是作文不可有意无词也。然琢词不可无法：短则欲该，如欧阳公"环滁皆山也"一句，省却许多字面，而意未尝不尽也；长则欲逸，如昌黎公"若驷马驾轻车就熟路，而王良、造父为之先后也"，字虽多而逸致动人，余推此类可见。

唐彪曰：文章修词一事，不过以凡有文词，贵乎出之以轻松秀逸，古雅典确，奇偶相参，虚实长短相间；转掉处，以高老雄健佐之；段止势尽处，以抑扬顿挫参之，使意尽而余韵悠然。更得平仄谐和，句调协适，文采粲灿然可观矣。古人谓不必修词者，非欲废如此之词也，但不欲浮靡雕绘也。古人谓必宜修词，亦欲词如此也，岂尚浮靡雕绘哉。

　　王绍其似乎看得有些烦厌了，抬头向李先生看看，他正在缮写一封信。王绍其有些忍不住了："李先生，这些都是空洞的理论呀！"

　　李先生回头向他笑了一笑："好吧，让我写好这封信再来和你们谈吧。"

　　王绍其夺了章明手里的书，放到书架上去，和他谈着下午开学生会的事。

　　不多时，李先生已将他的信上贴好了邮票，拉过椅子来，正在点一根烟："怎么样？"

　　王绍其有些羞愧的样子："我们不大懂——懂是懂了，但是没有趣味。"

　　"这不过是举几个古代论修辞的话的例子罢了，论修辞的话正多呢！但是古人修辞的最普通的一种功夫，便是自己修改自己的文章。白居易诗，老妪都解，便是以'平易'两字做标准而改易自己的诗句，王安石作的那一首：

　　　　京口瓜洲一水间，钟山只隔数重山；
　　　　春风又绿江南岸，明月何时照我还？

原来他的原稿上那'绿'字一句，本来写作'又到江南岸'；圈了'到'字，注了'不好'两个字；改作'过'字，又圈掉了；又改作'入'字；最后才改作'绿'字。黄庭坚的诗：

> 归燕略无三月字，高蝉正用一枝鸣。

'用'字起初是'抱'字，后来改作'占''在''带''要'，最后才改'用'字。

　　"他们不但自己改自己的文章，并且还求别人的批评。唐朝贾岛的'推敲'，便是最普通的一个例子。唐朝有一个和尚叫贞白，以作诗出名。他作了一首《御沟》诗：

> 一派御沟水，缘槐相荫清。
>
> 此波涵帝泽，无处濯尘缨。
>
> 鸟道来虽险，就池到自平。
>
> 朝宗心本切，顾向急流倾。

自己以为好极了，拿去给另一个也以作诗出名的和尚贯休看。贯休看了说：'很好，可是要改一个字——"波"字不大好。'贞白当时怒气冲冲地走了。贯休对旁边的小和尚说："他的思路很快，一定会转来的。'於是在自己手里写了一个'中'字等他回来。不多时，贞白果然回来了，很高兴地说：'我想出了，"波"字改成"中"字，如何？'贯休就将手中的'中'字给他看，说：'我早已想着了。'於是贞白非常佩服。

"所以你们作文，我几次劝你们自己先打稿子，再自己修改，自己已无从修改了，那么再誊清了交给我，看我如何改法。这样作文才有进步。这样才可了解修辞的真义。否则信笔写来，就交了给我。我改好了还你们以后，你们又不肯用心去探讨，即使对你们说修辞如何如何，也不过变成一种学科给你们随便阅读而已，於作文是没有补益的。"

王绍其点点头，向章明交换了一种满足的眼光。

"快两点钟了，我们学生会今天开会，要出一种会刊，想请老师做顾问呢！"

第十章　比喻种种

星期二的上午，本来是两点钟作文课，照学校里的规定，是每礼拜做一次文的；但是李先生却规定一次作文，一次练习造句、改错、默书或者做关于作文上的短短的演讲。学生们反而觉着比平日上国文课更有趣味。

天气已渐渐地感到秋凉了，在这孤岛上，更使人们觉到一种冷意。然而这批孩子们却依旧很热烈，他们忘掉了这世界，忘了自己，每日兴高采烈地来接受教师们给予他们的知识和鼓励。他们永远是快乐的，热情的。

秋二乙的教室是在二层楼的转角，前面是一座扶梯，从下面上楼来的人都打这里经过，所以在不曾上课以前是非常嘈杂的。斜对面是春季三年级同学的教室，年级愈高了，顽皮的花样越多，他们长长高高的，做了纸箭，在教室里互相丢掷，发出扰攘的声音来。

陈祖平和章明在活动的人群里，静静地读完了《文艺杂志》，这里面有一篇他们李老师的论文——《现实的文艺论》，里面有许多使他们不明白的地方。

"我前天在《戏剧杂志》里看到过他的一篇剧本，叫作《飓风》，是说一个社会主义者的毁灭，和爱与正义的交战，写得很动人呢！"章明告诉祖平，"这书他屋子里还有，我们下课去拿去。"

"李老师不常写文章？"

"在内地，从前《东方杂志》《小说月报》上常常有文章，笔名左光，就是他。"

"他平常好像是很少说话的人，但是对我们说起文章上的常识来，滔滔不绝的，不像是一个少说话的人。"

"据说他年轻时很狂，后来受了许多刺激，家里也失散了，使他变成了一个忧郁的人。听说下学期也许要离开上海呢。我同他同住了两个多月，我知道他的性情有些怪僻，有时一个人在看书，有时一个人在沉思。晚上，我一觉睡醒了，他还没有睡，皱着眉头，我有时大胆地去问问他，老是没有回答。有时，他半夜在冷风里出去，许久才回来，也不知道他为了什么——大概他是一个易於感触的人。"

"不错，我记起来了。我曾经对我爸爸提起过李先生的名字，他似乎有些知道，他说，好像在什么刊物上见过李先生的诗和词，要我问问李先生看。"祖平得意似的说，"我想请李先生和爸爸去谈谈，如果李先生肯的话——你看，他们不至於会反对的吧"？

章明在倾听着祖平的话，他又瞥见许多同学都坐好在座位上，谈话的声音也逐渐低了下去。外边三年级的同学还依旧在外边谈天，但也不如以前那么嘈杂了。他触触祖平的身子："已经上课了！"

人声突然沉静下去，李先生又在讲台上出现了，穿着一件灰色的布大褂；外面路上还泥泞，李先生的高绑套鞋上正附着不少的污泥。

点了名，大家沉默了一会，最前第一排左边的一位女同学大声地说："先生，今天不是作文呀！"她担心先生会忘记以前的规定，要她做文章。

李先生没有说话，默默地点了一点头。

"我今天遇着了一件极平常的事，但是很使我见了难受。"他一个字儿一个字儿慢慢地说着：

　　"早晨，我因为有一个约会，地点离此地很远，所以早上七点钟，我便出门了。

　　"校门口东边的那一条大风路是小贩子做生意的地方，照例每天早上有许多卖油条、卖烧饼、卖米糕的人。但是这地方似乎照理不应该摆摊的，常常有巡捕驾了大而红的车子，把他们的摊子搜集了去。他们只要东西不要人，所以摆摊的人也聪明，将摊子的柜台弄得非常灵巧，一见巡捕到来，立刻可以搬进弄堂去。

　　"因此，越是弄子的附近，摊子越多，人也越多了。

　　"我无意中走过了这一所地方。我看见一个穿着很褴褛的老人走过了一个糕摊的旁边，急急地向马路的那边走过去。

　　"那卖糕的人却非常敏捷，一转身就追了上去，他一只手抓住老人的背领，一只手用拳直打在苍白的头发上。那老人没有说什么，只是低了头，红着脸，缩着身子，一声不响地将手里的两块糖糕拼命地向嘴里塞进去。

　　"突然，因为头上的打击太重了，他斜倚在一家大公司后面的墙脚上。卖糕的满意地走了，忽然又回过来，在他身上踢了几脚，他慢慢地倒在地上了。

"四周有人在骂卖糕的，打得他太厉害了。但是也有人说，做小生意的人是苦恼的。也有人骂这老人太不懂得廉耻，偷了别人的东西，是该打的。

"他们都是可以原谅的，他们也并没有过失，你们想，这是谁的过失呢？"

大家都被他慢慢而沉重的语调所感动了，大家都像有一种悲哀和失望塞住了自己的咽喉，他们看看李先生，又低下头在呆想。李先生沉重而笨拙的语调又在开始了：

"你们应该记住管仲的话：'仓廪实而知礼节，衣食足而知荣辱。'你们在这社会情形中长大起来，应负起改革这社会的责任。"

教室里又沉静起来了。

不久，李先生又开始讲下去了：

"今天，我想和你们讨论一个问题，这是很普通的，但是却很值得研究。我们说话，常常要用比喻，这随便哪个都知道，都会用。若是没有比喻，讲话便不方便了。作文也时常用到比喻的。

"让我先讲一个故事给你们听：刘向《说苑》上记

载着惠施善於辩论，常在梁王面前谈论一切。有人对梁王说：'惠子的说事情，完全用比喻的，你先要他不许用比喻，他就没办法了。'第二日，惠施见梁王，梁王请他讲话时不要比喻。惠施答道：'现在假设有一个人不知道弹弓的形状，他来问你，你告诉他：弹弓的形状像弹弓，他会懂吗？'梁王说：'那是不会明白的。'惠施说：'那么，告诉他弹弓的形状像弓，以竹做弦，那么他便可以明白了。"比"——"比喻"原来是以已经知道的东西来说明不曾知道的东西而使人知道。如果没有比喻，别人怎么会明白呢？所以说话是不能没比喻的。'

"他这一段话把梁王驳倒了，然而他所以驳梁王以解说弹弓的事情，来比喻说话的不可无比喻，这话的本身便已用了比喻了，而梁王还不曾知道。"

大家笑了起来。李先生停了一停又说下去。

"因此，我们可以知道比喻是说话或作文中的一种不能缺少的因子。语言学家巴雷（Charles Bally）说：'我们说话是一种战斗。言辞的战斗是必需要一种文法来使它明白、有力，比喻便是达到这目的的方法之一种。关于比喻，《修辞学发凡》里有一张表，我抄下来给你们：

辞格 句式 成分	明喻		隐喻		借喻
	详式	略式	详式	略式	
正文	现	现	现	现	隐
譬喻 语词	"似""如" 之类	（隐）用平行 句法替代	"是""也" 之类	（隐）	（隐）
譬喻	现	现	现	现	现

"先说明喻。明喻是明白比喻的意思，在文句里，常常有'如''似''犹''好像''如同''仿佛'等比喻词的。例如，《红楼梦》里写贾宝玉的一节：

面若中秋之月，色如春晓之花，鬓若刀裁，眉如墨画，鼻如悬胆，眼似秋波。

又如朱自清《荷塘月色》里的：

月光如流水一般，静静地泻在这一片叶子和花上。薄薄的青雾浮起在荷塘里，叶子和花仿佛在牛乳中洗过一样，又像笼着青纱的梦。

在文言文里，这种例子也很多的，像《庄子·山水》篇里的：

> 君子之交淡若水，小人之交甘若醴。

其中有'犹''若''仿佛'等词来连缩的，这便叫作'明喻'。'明喻'这名词，见於清代唐彪的《读书作文谱》。宋人陈骙也称它作'直喻'。陈骙《文则》里说：

> 一曰直喻，或言"犹"，或言"若"，或言"如"，或言"似"，灼然可见。《孟子》曰："犹缘木而求鱼也。"《书》曰："若朽索之驭六马。"《论语》曰："譬如北辰。"《庄子》曰："凄然似秋。"此类是也。

这直喻其实就是这里所谓'明喻'了。

　　"用比喻既然是文章上一件不可少的事，但也不能滥用它，要在不得不用的时候用它才好，同时也应注意以甲物来比乙物时，甲乙两物的本质不应相同，也不应相类似。例如说：

　　　　火车和轮船一样地走了。

别人便不容易懂得，因为虽然有个'和'字，其实轮船的走和火车的走不能用作比喻，用作比喻并不发生任何效力，所以是错误的。如果说：

　　　　火车和轮船一样，都是利用蒸汽力而行驶的交通工具。

这样是可以的，这比喻是用以说明火车的原理的。

　　"再说隐喻。'隐喻'这名词在《文则》里也有的，但它的原意和我们现在的意思不一样。'隐喻'又称作'暗喻'，它比明喻更进一步，比喻物和被喻物之间关系更密切，而且没有'如''和'等词来连缀

的。明喻的形式是：甲——如→乙，而暗喻的形式是：甲
＝＝＝乙。明喻表示两者间相互的关系，而后者表示
两者间相合的关系了。苏轼的词：

　　　　眼是水波横，眉是山峰聚。

这是隐喻，如果说作：

　　　　眼如水波横，眉似山峰聚。

便成为明喻了。又如《论语》上的：

　　　　君子之德，风；小人之德，草。草上之风必偃。

'德'与'风'，'德'与'草'，在这句上是隐喻，
但刘向《说苑》上却写作：

　　　　夫上之化下，犹风靡草：东风则草靡而东，西
　　　风则草靡而西。在风所由，而草之为靡。

有了'犹'字，便是'明喻'了。

"还有一种介乎两者之间的比喻，实际上是'明喻'省略了'如''像'等词的。陈骙叫它作'对喻'。他说：

> 对喻，先比后证，上下相符。庄子曰："鱼相忘乎江湖，人相忘乎道街。"荀子曰："流丸止於瓯臾，流言止於智者。"此类是也。

其实或比喻在前正意在后，或正意在前比喻在后，其间省略了关系动词而已。如《大学》上的：

> 富润屋，德润身。

就是'富之润屋，犹德之润身'，这是比喻在前的；又如俗语上所说的'养儿防老，积谷防饥'，也是这一类，不过比喻在后面罢了。这一种我们称它'对喻'或者就简直归并在'明喻'一类的，但是不能算作'隐喻'的。

　　"再说借喻。借喻又有许多不同的名称。元人范德机《木天禁语》里称'借喻'，元陈绎曾的《文说》里称'隐语'，明杨慎《丹铅总录》里称'譬况'，清唐彪《读书作文谱》里称'暗比'。名称虽各各不同，而内容却是一样的。

　　"'借喻'比'隐喻'更进一步，被喻物和比喻物的关系更密切了。把正文完全隐去，就用譬喻来替代。例如《点滴》里面的：

　　　　我觉得立在大荒野的边界，到处都是飞沙。

他所说的'大荒野'是指'恶浊的世界'而言的，'飞沙'是指一切'恶俗'与'恶人'而言的。他不说'恶浊的世界'而用'大荒野'来替代，这便叫作'借喻'。

　　"'借喻'其实即是'象征'。'象征'是将两种事物的形象相类似的物质，根据它内容或外形在意念上相似的一点来互相代用。例如'象牙之塔'可以象征作'艺术之宫'；又如'黑'可以象征悲哀，'鹰'表示权威，'女子'表示和平；'白'有清洁的意念存在着，可以象征'卫生''纯洁'。……普通事物的象征，大都用具体或可以凭听觉、视觉所得的情境来象征抽象的事物的，上例也是这样。

"但是'借喻'的结果，也常将'比喻'写成很长很长的故事，后面不写出作者的原意，即是变成'寓言'了。较简单的，也有人称作'讽喻'，像《列子》上的'愚公移山'便是讽喻了。'寓言'最早见於《庄子》，《庄子》有《寓言》篇。'寓言'的范围比'讽喻'大。如崔述《考信录》上的故事：

> 有二人皆患近视，而各矜其目力，不相下。适村中富人将以明日悬匾於门，乃约於次日同至其门，读匾上字以验之。然皆自恐弗见，甲先暮夜使人刺得其字，乙并刺得其旁小字。暨至门，甲先以手指门上曰："大字某某。"乙亦手指门上曰："小字某某。"甲不见乙之能见小字也，延主人出，指而问之曰："所言字误否？"主人曰："误则不误，但匾尚未悬门，门上虚无物，不知两君所

指者何也。"嗟呼! 数尺之圖, 有无不能知也, 况於数分之字, 安能知之? 闻人言为云云, 而遂云云, 乃其所以为大误也。

其他如《孟子》上齐人有一妻一妾的故事, 《韩非子》上守株待兔的故事, 这些都是讽喻, 可以称'寓言'。

"比喻是修辞学上重要的一个项目, 其中的分别是很显然的。你们先得明白它的功用与应用, 才可以实用, 已经会实用的更可以使用得没有错误。"

外边的下课钟声悠悠地传过来, 大家像梦醒一般, 才知道一个钟头已经过去了。

对面教室里又响起了一阵嘈扰。

第十一章　夸饰的研究

礼拜六的下午，祖平放了学匆匆地走回家去。

虽则从学校里到他家里有公共汽车可以直达，但是他是走惯了的，除了有时落雪落雨之外。手里提着书包，沿人行道上一直向前走，心里在想着图画教师周先生所画的一张中国画。

"这张中国画不见得十分好，可是他抄下来的苏轼的诗句倒非常有趣……

　　"这十二个字里包括了一首《晚眺》：

　　　　长亭短景无人画，大老横拖瘦竹筇；

　　　　回首断云斜日暮，曲江倒蘸侧山峰。

　　"真是有趣！李先生教我过回文词和回文诗，却没有这种来得有味……"

　　他努力想自己仿作一首，用力在左右思索，看看前面已是自己的家了。他爸爸在门口送客，他吃了一惊，忘掉作诗的事，恭恭敬敬地站在一个年老白发的老者面前，叫了一声："爸爸！"

　　好久没有回答，他觉到他爸爸今天老是注意自己，心里有些跳动。

　　"你看，脸上弄得这么脏！"他爸爸有些不大高兴的样子。

　　他摸摸自己的脸——大概是刚才打球的时候不小心，把球上的泥弄在手里，不知怎么一来弄到脸上去了。

　　接着他又听到爸爸轻快的笑声，他才释然了，天真地看看爸爸含笑的脸。

"到屋子里面去洗洗吧！"

祖平跳进了屋子，一直奔到厨房里，他妈妈正在做夜饭。他撒娇地拉住他妈妈的衣角。

"祖平，你爸爸今天很生气呢！"

"为什么？"

"哥哥写信来，说是要和那个陈小姐结婚，你爸爸不赞成——咳，他也太固执了，孩子们的婚姻事情要他干涉干吗？"

"爸爸的头脑太顽固了！"祖平脱口而出。

"别随便批评爸爸——当心，他向我问起你的作文，要你回来以后拿给他看。"

祖平在屋子里整理好自己的作文，送到他爸爸的面前。

客厅里电灯已经打亮了，各个红色的家具都在淡黄色的灯光下发亮。他妈妈坐在单人沙发上，爸爸坐在他妈妈的右边，手里一页一页地将祖平的作文看过去。

"你知道先生为什么将这句文章分作两句而在上面加了'千山'和'万里'这几个字？"祖平的爸爸捋捋苍白的胡子，指着祖平的作文问。

祖平和妈妈一同伸首过去看了，原来祖平的文章里有一句"血染尸横"，先生将它改作"千山血染，万里尸横"了。

"先生说'染'字是及物动词，应该加一个'受词'，所以改了。"祖平嗫嚅地说。

"你还在弄文法？中国文弄文法是永远弄不清楚的。懂了文法，你便做得出好文章吗？我来问你，'千山''万里'是真的'一千座山''一万里路'吗？"

"静斋，你太固执了，在你当然不必讲文法，但是他们初学的人，知道一点文法，对於作文是有些帮助的。"他的妈妈替祖平辩护。

"爸爸，这个我倒不知道，大约不是真的说'千山'，不过是过分形容罢了。"祖平回答他爸爸的话。

"是的。'过分形容'，古人称作'夸饰'。《文心雕龙》里面有一篇《夸饰》，它说：

言峻则嵩高极天，论狭则河不容舠，说多则子孙千亿，称少则民靡孑遗。襄陵举滔天之目，倒戈立漂杵之论；辞虽已甚，其义无害也。

这里所谓'夸饰'即是夸大其词，孟子很懂得这意思，他说：

> 说诗者不以文害辞，不以辞害志，以意逆志，是为得之。如以辞而已矣，《云汉》之诗曰：'周余黎民，靡有孑遗。'信斯言也，是周无遗民也。

其他像'血流成渠''血流漂杵'也是一样的。汪中《释三九》我教你过的，里面的一段话，你记得吗？"

他又朗朗地念起书来了：

> 《礼记·杂记》："晏平仲祀其先人，豚肩不掩豆。"豚实於俎，不实於豆，豆径尺，并豚两肩，无容不掩。此言乎其俭也。《乐记》：武王克商未及下车，而封黄帝、尧舜之后，大封必於庙，因祭策命，不可於车上行之。此言乎以是为先务也。《诗》："嵩嵩维岳，峻极於天。"此言乎其高也。此辞之形容者也。

"这种意思，你现在怕还不懂得，一切都要自己用功。李先生几时我想会会他，将你交托给他，要他严厉地管理。"他一边说，一边在看用人们端菜。

"爸爸，李先生也是哥哥的朋友呢！"祖平希望他爸爸会对李先生有一个好印象。

"唔？你怎么知道？"

"是哥哥写给我的信。"

"……"他爸爸静默了半晌，脸上又现出不高兴的样子来。

吃了夜饭之后，祖平的爸爸出门去访客去了。祖平在和他的妹妹祖英逗着玩。祖英还是一个六七岁孩子，她最喜欢听故事，每次祖平从学校里回来，祖英老是牵着要他说故事。祖平见她有些厌烦，每次在呆坐的时候，她跑过来，知道一定是要求他说故事，他便故意去缠着妈妈，要说些另外的事。

"哥哥……"祖英又走过来了。

"别响！外面有老虎。我叫妈妈来抱你。"祖平急急地走到里面去，将他妈妈拖了出来。

"你老是这么顽皮的，厨房里的菜饭，还不曾整理好呢。"他妈妈含笑地将祖英抱在膝上。

"妈，爸爸刚才说了许多，我一些也不懂得呢。"

"你爸爸说得太高深了，也许你不知道。他是教大人教惯的，所以孩子们不喜欢亲近他。你也有些吧？刚才所说的'形容'和文法上的'形容词'的形容，略有些不同。文人好奇，说话要使别人动听，便有时要说得过分些。但是听的人也知道不过是形容而已。这'形容'又叫作'夸饰'，又叫作'铺张'。修辞学中也研究到这个问题。

"铺张不一定是说大话，乃是在一件事或一句话上增加些气势，这气势可以使对方听了感动和兴奋。但是笨的人一定要努力照实际来解释，那便变成不通了。从前杜甫——唐代的诗人，你知道吗？——他的《古柏行》里有两句：

霜皮溜雨四十围，黛色参天二千尺。

这也不过是过甚其辞，说这柏树的大，并非真正地测量过的。而宋朝的沈括在《梦溪笔谈》里说它'四十围，即是直径七尺'，这树也不算大。而后来黄朝英又一定说'古制以围三径一'，所以照算两手大指相合为一围，不是'百二十尺'就是'一丈三尺三寸'。他们彼此争论，照字直讲便是'痴人说梦'了。

"所以，铺张其辞，只是过分的描写而不可以做实在的解释的。文艺作品和历史的记述不同，和科学的记述更不同。后面两种要客观地写，重在真；前者要主观地写，重在感动。你去看《春秋》每句话多么简单，而你看《东周列国志》有许多地方便加以详细繁复的描写。如果在文艺作品中去仔细研究考证，那便是太呆笨的举动了。

"铺张不单是过甚形容，大抵可以分为两种：一种是数量上的铺张，还有一种是性状上的铺张。李白《秋浦歌》里有这么两句：

　　白发三千丈，缘愁似个长。

按之实际，决计没有这样长的头发的。这正如王褒《僮约》里的'鼻涕长一尺'相同，不过形容它的长罢了。

李白因为要说'愁'之长，便在上句用'三千丈'了。正如李后主的'问君能有几多愁，恰似一江春水向东流'同样的意思。宋朝李清照也说'只恐双溪舴艋舟，载不动，许多愁。'如果真的去拿斗或秤来量'愁'，也变成一个呆子了。

　　"《历代诗话考索》里说王安石有一句诗，是：

　　　　缫成白发三千丈。

便容易使人误为真的事体了。——这种铺张，可以说是数量上的铺张词。《诗经》上的'千禄百福，子孙千亿'也属於这一类。我们作文常常用到'千山万水''万户千门'也是数量上的铺张啊！"

　　"妈，数量铺张词是不是一定'千'字和'万'字？"祖平问。

　　"唔，这不一定如此的。铺张不是一定说东西的多，说东西的大，反之说东西小，时间短，过分形容，也叫作'铺张'的，例如三国吕蒙对鲁肃的话：

士别三日，即当刮目相看。

所谓‘三日’，是形容不见的时候的短促。中国文字里，‘三’字和‘九’字很奇怪，它常用以代表‘三’以上的数目的。从前清朝汪中有一篇《释三九》，你将来可以有机会读到的。

"至於性状的铺张如‘血流漂杵’‘怀山襄陵’等都是，如杜甫诗中的：

锦江春色来天地，玉垒浮云变古今。

便属於这一类。《岳阳楼记》你是读过的，其中的‘冷风怒号，浊浪排空，日星隐曜，山岳潜形’便都是性状铺张。性状铺张也不定说是正面的，如：

谁谓河广，曾不容舠。
棘刺之端可以为母猴。

都是说它的小，这也叫作铺张。

"除了上述两种铺张之外，还有另外一种，不是说性状，也不是说数量。常将实际上后起的现象说在先呈的现象之前，比小说上的'说时迟，那时快'更进一步。陈望道的《修辞学》里称它作'窜前铺张'。宋朝范仲淹的词里说：

愁肠已断无由醉，酒未到，先成泪。

就事实来说，酒既然不曾拿到，如何会变眼泪？这便是有些铺张在里面了。这比宋人词中的：

酒入愁肠化作相思泪。

更进一步了。又如小说里常常说道：'大家吃酒，一齐举箸，却如风卷残云，早去了一半。'这话在事实上也有问题，但是读者却不觉其不通，这便是铺张的好处。

"铺张不单在文字表面上有这种现象，整个事物的写述，也有铺张的现象的。旧式谴责小说里常常有过分的形容，例如《二十年目睹之怪现状》里说一个人虽然很穷，但喜欢摆空架子，有一天，他买了三个烧饼在茶馆里吃茶，人很多，他独自占据了一张桌子。别人看他先将三个饼吃完了，於是倚桌在沉思着，又在嘴里用唾沫在桌上写字，写了好久，又停手不写，沉思了好一会，猛然将桌子一拍，又开始在写字了。原来他很经济，舍不得从那烧饼上掉在桌子上的芝麻，假装写字，用唾沫蘸了来吃，吃完了，看看还有不少芝麻在桌子的板缝里，便用手一拍，芝麻跳出来了，他可以再写字了。"

"哈哈……"祖平跳着大笑起来。

"这一种虽然是挖苦，但一个人无论如何喜欢搭架子，总不致如此的，这整个故事里便有了铺张的意味了。

"《孟子》里也说宋国有一个农夫，他看看自己田里的稻不肯长大，便费了一天工夫，将它一根一根地揠长了，很得意地回家，告诉他家里的人说，我已经设法使稻长了许多了。他的儿子跑去一看，原来稻子都已经枯死。天下绝没有这种笨的农夫，孟子是捏造这故事来做他议论的根据，这个故事也有些铺张的意味的。

"以上这四种铺张，你随便读什么书都可以见到，不妨用一本小小的簿子，将随时随地所见到的搜集了记录下来，自己翻阅一下，是很有意义的。

"修辞学只告诉你一个修饰文章的方法，也和文法一样，是由文章中归纳出来，而不是预先设立一个修辞学来使别人作文照样去做的。但是在你们初学国文的人，却有许多帮助。在文法以外，文辞上的疑虑处很多，可以用修辞法的眼光来解释，同时对自己作文也有帮助，可以应用。

"因此就铺张一点而论，也不可以故意造作，要使读者不误以为真，而在文句的意思上可以增加力量。不然，越是修辞，文章越不通了。"

妈妈顺口讲了许多时候，祖英已在怀中睡着了。"祖平咱们上楼去睡觉去，你爸爸今夜怕不能早回来呢。"

一间小小的卧室里，一切布置都很讲究，斜方纹绿色的地毯和淡黄色的墙壁。窗子上幔着绿纱，衬着台灯上绿玻璃的颜色，一切光线都很柔和，也很静。两壁都是书架子，是玻璃门的书橱，许多线装书整齐地摆着。靠窗一张大写字台上面最注目的是一块大圆砚池，和长长的一块银朱砚台。——这是他父亲的书房，也是他爸爸和他的卧室。

祖平写完了给他哥哥的一封信，预备上床睡觉。他顺便开了壁灯，将桌上的台灯关了。房间里显得更静更美丽了。他一面在解自己的衣扣，一边在橱里随手抽出一本书来，这上面写着《文心雕龙》四个大字。

这书名对他是陌生的，他翻开书来，上面是一篇《刘勰传》。他看看目录，有"夸饰"两个字，他急忙翻了出来，但是他觉得有些茫然，差不多每句文章使他感到不容易了解，他只找到他爸爸所告诉他过的那一段。

外面有打门铃的声音，他想大概是爸爸回来了。壁上的时钟慢慢地打了十下。

第十二章　省略和婉曲

这一次语文研究会开会的地点是在李先生的房间里。

天气已经冷了。在这一天的上午，天气是很阴沉的。窗外的草，有些憔悴的样子。

约莫是十点钟的样子，李先生坐在房里和章明、陈祖平闲谈，谈的资料是陈静斋——祖平的爸爸。

"上了年纪的人，思想当然难免有些陈旧的，你的爸爸反对你哥哥的婚姻，便是太固执的地方。昨天我在你们家里和他谈得很久，他对於中国旧学的一方面，很有根底。他反对教国文说文法上的细则，原来也是由於他以往经验上的关系。他从前教过私塾，教过二十多岁已会做文章的青年，所以他不再主张用文法来教人。他又以为现代中学生的国文程度不及从前的小学生是教语体文和教文法的缘故。现在学校里的国文程度不及从前，是事实，这也不可讳言的；但是所以不及以前的原因很复杂，绝不是在读语体文和文法上。语体文也和文言文一样要理解，文法在初学国文的人是有很大的帮助的。我和他讨论了好久，他总以为我是偏见。我因为他是老前辈，不便多争论；其实，对於学校制度是否一定可以收很大的效果，一句话，我也始终是怀疑的——尤其是上海的学校。"李先生感慨很深地说。

"我总觉得爸爸和我们之间有一层隔膜。"祖平搔搔头说。

"当然，你和他年龄相差是太远了。你的国文常识也和他相差太远了。他对你期望越大，对你现在的程度越不满意，而你又不懂得爸爸的心理，所以两者不能融洽了。我以为世界上一切爱都发源於友谊，无论父子兄弟，都得在血统关系以外再加上一种友爱，那么感情才能够持久。单以血统名分的关系来支持是不容易的。——使你和你爸爸之间隔阂的消失是你的责任。"

祖平点点头，章明呆呆地在听李先生的话，他陷入於沉思的状态中，也有些难受的样子。

不久，屋子里坐满了人，声音也渐渐嘈杂起来。

"我们所以要在李先生屋子里开会的原因，是想要求李先生讲一些有趣的材料。昨天已经和章明同学说过，托他来转达，大概老师已经知道了吧？"王绍其正经地立了起来说。

"好的！"

"那么请祖平同学记录吧！"王绍其又说。

"不，不，还是章明吧！"

於是小小的演讲又开始了。李先生在这一班孩子们的拥护中，也兴高采烈地和他们合作。他坐在方桌前面，对面章明坐在床沿上，拿了笔，仰着头看着。

大家静静地坐着。

"我想说一些关於省略和婉曲的话：

"冰心的《寄小读者》，你们总已读过了吧？我偶然在你们从前的教科书上看到一篇，是叙述她的幼年。其中有一段，我念给你们听：

有一次，病得重极了，地上铺着席子，我抱着你在上面膝行。正是暑月，你父亲又不在家，你断断续续说的几句话，都不是三岁的孩子所能够说的。因着你奇异的智慧，增加了我无名的恐怖。我打电报给你父亲，说我身体和灵魂上都已不能再支持。忽然一阵大风雨，深忧的我，重病的你，和你疲乏的乳母，都沉沉地睡了一大觉；这一番风雨，把你又从死神的怀抱里，接了过来。

这末了的一句话本来是'病好了许多'的意思，但她为什么偏要绕一个圈子说话？文章应该简洁明白，这不是太噜苏了吗？不，不是的，有时候故意绕一圈子说或者说得隐藏些，可以使文章有力量，使别人看了余味不尽。所以并不是文章的症结，反而是合乎修辞原理的地方。文艺作品往往是如此的，中国的诗词都是这样。我随便举几个例子给你们听，如贺知章的：

> 少小离乡老大回，乡音无改鬓毛衰。
> 儿童相见不相识，笑问客从何处来。

依字面上讲，这不过是记载一个久客返家的人的情形，然而这里却包含了无限的'今昔之感'。又如元稹写天宝乱后的事：

> 寥落古行宫，宫花寂寞红。
> 白头宫女在，闲坐说玄宗。

这里面用了'寥落''寂寞''白头''闲坐''说'等词，这便有一种寂寞而凄凉的意味。这一种虽然是隐，却比较地可以说是显明的。又如陆游的诗：

> 江上荒城猿鸟悲，隔江便是屈原祠。
> 一千五百年间事，只有滩声似旧时。

不说一千五百年前事到现在已一无所有，而单说'只有滩声似旧时'，其中便有含蓄不尽的意味了。又如李清照的词：

> 新来瘦，非关病酒，不是悲秋。

那么是什么呢？聪明的读者早知道是为了'相思'了。

"所以使文章隐而有余味的方法有下列几种：

"一种便是上面的例子，不说本事，单将余事来烘托，司马光在《迂叟诗话》里说得好：

> 古人为诗，贵於意在言外，使人思而得之，近世诗人惟杜子美最得诗人之体。如"国破山河在，城春草木深。感时花溅泪，恨别鸟惊心。""山河在"明无余物矣。"草木深"明无人矣。花鸟，平时可娱之物，见之而泣，闻之而恐，则时可知矣。他皆类此，不可遍举。

上面冰心的一段话，也属於这一类的。

"一种是以旁敲侧击的方法来表示正意的，例如《史记》冯谖的一段：'齐王谓孟尝君曰："寡人不敢以先王之臣为臣。"'意思是不要他做事，而故意说得婉转。又如《史记·绛侯世家》说周勃被人谤而下狱，既出之后，他说：

> 吾尝将百万军，然安知狱吏之贵乎？

也是婉转隐约地说狱吏的作威作福。

"此外还有一种在民间俗语也常有的，这不是故意使文意缭绕而是习惯。让我来举几个例子：

（1）叵——不可。《后汉书》："布目备曰：'大耳儿最叵信。'"《金石录后序》："虏势叵测。"

（2）盍——何不。《礼记》："子盍言子之志於公乎？"

（3）那——奈何。《左传》："弃甲则那"？

（4）诸——之於。《论语》："子张书诸绅。"（用在句中）

（5）诸——之乎。《孟子》："不识有诸。"（用在句末）

（6）别——不要。现在北方还通行。

（7）嫑——不要。现在上海通行。

此外'三十'（卅）念'撒'，四十（卌）念'锡'，也都是习惯上的用法。这单是为口头便利起见，於文意毫无补益的。但是在文章上却有因为文意已经明白而省略的，初看来也和婉曲一样，似乎少说了可以使人增加趣味，文章也因之隐藏得多了。这种省略在文言文里很多很多。可以分作两种。一种是承上文而省的，例如《论语》中的：

> 多闻择其善者而从之，多见而识之。

'见'字上面，省了'择其善者'四个字了。又如《水浒传》上的：

> 若是死时，我与你们同死；活时，同活。

'时'字下面也省了'我与你们'四个字。因为上文已经见过了，所以省去，这和婉转隐约的用意一样，前面所说是因繁了而婉转隐约的，这回却省了而使文章婉曲隐约起来。

"还有因下文而省略,《诗经》上有一个很好的例子：

> 七月在野，八月在宇，九月在户，十月蟋蟀入
> 我床下。

其实每句之中应该加'蟋蟀'两个字的。胡仔《渔隐丛话》里引张文潜的话道：

> ……非深於文章者不能作。如"七月在野"至
> "入我床下"，於"七月"以下皆不道破，直至"十
> 月"方言"蟋蟀"，非深於文章者，能为之邪？

这批评很有道理。但是也不过是依古代口语写成的，没有什么希奇。承上文而省略的很多，因下文而省的，因为别人不容易懂，所以不多，同时也不很好。

　　"另有一种和上面所说'叵'为'不可'一样的说法，虽不直说这事物而却用另一事物来借用，这也和婉转的意思差不多。这里面一大半是俗讳。明朝陆容的《菽园杂记》里说：

> 民间俗讳，各处有之，而吴中为甚。如舟行讳

"住"讳"翻"，以"箸"为"筷儿"，"幡布"为"抹布"；讳"离""散"，以"梨"为"圆果"，"伞"为"竖笠"；讳"狼藉"，以"榔锤"为"兴哥"；讳"恼""懆"，以"谢灶"为"谢欢喜"。

不但民间如此，庙堂里也有这种说法。例如贾谊《陈政事疏》中说：

> 古者大臣有坐不廉而废者不谓不廉，曰"簠簋不饰"；坐污秽淫乱，男女无别者，不曰污秽，曰"帷薄不修"；坐罢软不胜任者，不曰罢软，曰"下官不职"。

从前晋朝有个人叫作王衍，他生平不喜欢钱，从来口里不说'钱'字。他的太太有一次故意试他，叫婢女用钱堆在床的周围，他早晨起身便不容易下床，一定只好说'钱'字了。但是到了次日，王衍起来便叫用人"举却阿堵物！"所谓'阿堵'，便是俗语所说的"这个"。我们俗语中也常常用含糊的词语来指代所要说的东西。

浙江绍兴叫'这个东西'称作'ㄅㄟㄑㄩ'，在他们
谈语中常常用到，而对方也自然明白。《红楼梦》上有
一段说：

> 尤氏道："我也暗暗地叫人预备了。——就是
> 那件东西，不得好木头，且慢慢地办着罢。"

这里的'那个东西'是指棺材而言的，因为说出来不吉
利，便用别的词儿来替代了。又如作文里常常用到，
说一个人死了，说他'已经呜呼哀哉了'，这也是同样
的意思。

"另一种使言语婉转的方法是故意缭绕，例如《左
传》上的：

> 杞子自郑使告於秦曰："郑人使我掌其北门之
> 管，若潜师以来，国可得也。"穆公访诸蹇叔，蹇
> 叔曰："劳师以袭远，非所闻也。"公辞焉。召孟
> 明、西乞、白乙，使出师於东门之外。蹇叔哭之
> 曰："孟子，吾见师之出，而不见其入也！"公使

　　谓之曰："尔何知，中寿，尔墓之木拱矣！"

末后两句就是婉转的话，说他老昏了。

　　"前面几种用法虽则不同，但是它们的用途都是增加文意的：一种使语气含蓄不尽，有'言已尽而意未尽'的好处；一种使语气婉曲而增加趣味。但是多说了而变成不通却反而害了文章了。林语堂说新文体有许多是噜苏的，他叫它作'新四六'。这是'矫枉过正'的毛病。从前有一篇八股，它里面的两段是：

　　　　天地乃宇宙之乾坤，吾心实中怀之在抱。久矣夫千百年来已非一日矣。溯往事以追维，曷勿考记载而诵诗书之典籍。元后即帝王之天子，苍生乃百姓之黎元，庶矣哉亿兆民中已非一人矣。思入时而用世。曷弗胆黼座而登廊庙之朝廷。

这岂不是一个笑话？在梁绍王《两般秋雨盦随笔》里可以见到，还有一个人在外面读书，托便人带回去包袱一个，袜子一双。他在信上说道：

　　带上包袱一个。包者，包袱；袱者，袜子。不称包袱袜子，而称包袜者，省文也。

他为了想省文章反而多说了话。"

　　大家都笑起来了，李先生也跟着他们笑起来。

　　微弱的阳光照进了整个的屋子，人们对这白茫的光波似乎有些乐意了。早晚，偶然几阵微风吹来，带来不少秋凉的意味；但是在中午，炎夏的灼热依旧存留在人间。

　　日光射在李先生的身上，他显得更兴奋了，在这一群孩子们的心目中，正在他们面前的是一个光明而伟大的人物，使他们起了崇仰的心。

　　当然，他和他们之间已渐渐地接近了，他热诚地将知识的泉源灌输给这班孩子们，而他们也热心地来接受他的知识，这是自然的爱。

　　门开了，校役走了进来，打断了李先生的话头。

　　"李先生，校长请你去谈一次话。"他用惊讶的目光来看看这一大批不速之客，"校长说如果李先生没要紧的事，想请你立刻就走！"

"讨厌！"祖平吐出了这一句话。校役狰狞地向他望望。

"好，你先去，我就来的。"校役走了。大家乱嚷起来。

"李先生，什么事？"祖平问。

"大概是为作文的事。他规定你们每周做一次文章，我变成两礼拜一次了；他本来是说作文只要一小时的，而我却延长到两小时。"李先生不经意地说。大家静默了一会。

"你们走吧，时间也不早了，下次有时间再可以和你们谈谈的。"李先生立了起来。

不久，这屋子只有章明和李先生了。李先生烦躁地看看天空，在屋子走了一个圈子，将一篇文章交给章明，耸耸肩说：

"我应该去走一趟的，我们下午一同到外边去逛逛吧！"

李先生走了之后，章明带上了门，他感到一种不可名言的懊闷，似乎李先生不久会离开这里的样子。想到自己已经长久不到舅父家里去了，打算去走一趟。

他又看到李先生交给他的那篇文章，原来是李先生自己抄写下来的，上面写着：

曲语者，语之刻划本事，不甚明亮，而闻之亦辄了了，两情共喻者也。如受胎，人谓与性欲有连，未便揭言。而举国不讲生子，在势胡可？遂乃回环其事，曰那件事，曰不能动矣。夫婉言比於直言，究胜几许，殆不能无疑。以人之行以为嫌者非字也，而字中之义蕴也。今日不能动矣，措辞不同，指事犹是，他方闻而不择，将一与径说受胎无异。虽然人终采暗语而避明言，世尽有人，闻受胎而怒，谓是狎媒；闻那件事而喜，以为雅驯。考其心境，则见人抵面敷辞，不敢斥言某物，而必委婉曲折以赴，乐其尊己，遂不可支也。……

第十三章　比拟和借代

夜风从海岸上吹来，是秋夜的风了。章明跟李先生从外面回来，霓虹灯的光亮掩没了月色，他们走进小巷，回头向南望望，那边的天空已变成红色了。

但是这里却似乎是另一个世界，这里没有刺目的灯和喧杂的人声，更没有无线电播来动人心魄的歌曲；高楼上灯光是隐约的，被厚厚的窗幔遮住了；下弦的月，无力地在屋角发出惨淡的光来。

因为四周的房子很高，弄堂里一些也没有月光，黑幢幢地偶然走过几个黑影。突然，那边传来了几声呻吟，弄角屋边睡着不少被社会遗忘了的人。他们急急向前走，前面匆匆走过一个人来，喃喃地：

"怎么好，怎么好？天哪，上海强盗为什么这么多哪！我，我，完了。"他似乎在颤抖。

　　章明停住了脚步，想和他谈话，但是那个人却匆匆地走了。

　　李先生叹了一口气。

　　好容易走出了这黑暗的弄子，前面又是一所热闹的地方，再向东一些，便是宏文中学了。章明平日在晚上是不多出来的，对於上海的夜生活似乎还隔阂，今天他才知道了。

　　几个人跟在他们的背后，诉说生活的苦恼。章明回过头去，那个人口里含着一根烟，烟雾正从嘴里喷出来。章明出乎意料地吃了一惊，匆匆向前走了几步，却听见那个人在开始诅咒了。

　　前面是一排店面，旁边是许多黑暗的弄子，弄口几个女人像蛇样的身躯，脸上涂满了鲜血色的胭脂，向人们狞笑。他急急跟着李先生，心里跳动得厉害。

　　到了校门口，他才宽心地嘘了一口气："上海，这魔窟，这吃人的地方。"

　　李先生默默地走，像在思索什么，听到了章明的话，也喃喃地："这不过是罪恶的一面，你如果能接近这社会，其中还有更多更可惨的悲剧呢。"

开亮了房间里的灯，李先生在椅子上坐了下来，章明倒了水，给李先生一块热的手巾。

"你刚才不是问我那算命的招牌为什么叫'赛葛亮'，当时我和朋友谈天，没时间告诉你。这是算命的人自己夸大的意思，以为可以赛过诸葛亮，这是很可笑的。"李先生慢吞吞地说。

"那么诸葛亮的姓是诸葛，为什么可以叫他葛亮呢？"章明追着问。

"这也是一件错误，但是古人却因为口头上的便当，常常有这种现象发生的。——我桌子上那边一本日记簿里，曾经将这一类话整理一下子过，里面有不少的例，可以看看。"

李先生在开始批改作文了，章明静静地在他身边读那一段笔记：

　　钱大昕《十驾斋·养新录》云："汉魏以降，文尚骈俪，诗严声病，所引用古人姓名，任意割省，当时不以为非。如皇甫谧《释劝》：'荣期以三乐感尼文。'庾信诗：'唯有丘明耻，无复荣期乐。'白乐天诗：'天教荣启乐，人忽接舆狂。'谓荣启期。《费凤别碑》：'司马慕蔺相，南容复白圭。'谓蔺相如也。"此外，嵇康《琴赋》云："於是遁世之士，荣期绮季之畴……下逮谣俗，《蔡氏五曲》《王昭楚妃》《千里别鹤》犹有一切承闲籧乏，亦有可观者焉。"不但以荣启期作荣期，又以王昭君作王昭。又如王勃《滕王阁序》："杨意不逢，抚凌云而自惜；钟期既遇,奏流水以何惭。"以杨得忆作杨意，钟子期为钟期。其他《韩愈杂事》称东方朔为方朔，《史通》以司马迁为马迁也，皆人名之缩短也。其他《吕氏春秋》或称《吕览》，政和宣和或称政宣，皆此一类。……

"李先生，既然这是一种习惯，那么这习惯起於什么时候的呢？"

"据我所知，春秋战国时候已经有了。《左传》上称晋侯重耳作晋重，又称莒国展舆为莒展。大概这种方式的起源，是为了口头上讲话的方便。例如蔡元培又有人称元培，他也自称培。其实都是一样的。《孟子·公孙丑》章上有一段话：

> 孟施舍之所养勇也，曰：视不胜，犹胜也；量
> 敌而后进，虑胜而后会，是畏三军者也！舍岂能为
> 必胜哉，能无惧而已矣。

赵岐注里说孟施舍是姓孟名舍，“施”字是发音；清代阎若璩以为是孟施双姓，等於司马、诸葛一样；而翟颢却以为古人双名，自称一个字，如曹叔名振铎，《国语》称作叔振。我看是后一说对。前面几个例也是同样的道理。”李先生放下了笔说：“但是节司马迁为马迁总有些不大好。所以有人称史迁，这倒无妨的。”

“所以读书要到处留心，一点小问题，也值得大费研究的，无论什么问题，不要含糊过去。”他郑重地说给章明听，又将一个同学的作文抽了出来，指给章明看：“你看这句话初看是对的，但仔细一想却很有问题呢。”

章明看看原来这篇文章题目是“上海风雨”，那位同学写了这几句：

你看，另一个世界里，却是丝竹盈耳，满堂钗钿，和步步银莲。

"他是在描写舞场，这几句文字里有三处值得研究，第一是'丝竹'两个字，第二是'钗钿'两个字，第三是'银莲'两个字。"

"但是文章上也常常这样的，我记得在《陋室铭》有'无丝竹之乱耳，无案牍之劳形'。先生告诉我们'丝竹'是指音乐而言的。"

"丝竹的确可以代替乐器。因为中国古代乐器是用弦用竹制成的，所以可以替代，但是现在跳舞场里的乐器，却是钢琴和喇叭，如何可以用丝竹来代呢？同样，钗钿只可以代替古代的女人，而不能代替现代的女子。再看后面的'银莲'是没有来源的，从前以'金莲'代女子的脚步，因为陈叔宝叫潘贵妃在金子做成的莲花瓣上走，叫作'步步生金莲'，有一阕乐府叫作《步步生莲曲》。现代用'金莲'来替代现代女子的脚步尚且不大妥当，何况是杜撰的'银莲'呢？

"大凡以事物的另一部分或其他关系来替代这事物

的，像'丝竹'来代'乐器'，以'钗钿'来代女人，叫作'借代'。以'玉笋'来代女人的手，以'花'来说'女人'，像以金莲说女人的脚步，这叫作'比拟'。——这两种都是修辞上重要的辞格。

"借代大概不外乎几种方式：

"第一种方式是事物和事物的所属或所在相代。例如苏东坡的《念奴娇》词：

　　大江东去，浪淘尽，千古风流人物。

'大江'是说大江中的流水。'江'不能东去，只有'水'可以东去的。'水'属於'江'，便以'江'代'江水'了。又如'四海之内，皆兄弟也'，'四海之内'代替'四海之内之人'。

"第二种，事物与事物的特征来相代。例如杜甫诗中的：

　　纨绔不饿死，儒冠多误身。

'纨绔'是有钱人的特征，'儒冠'是读书人的特征，用来代替'富人子弟'和'书生'的。这和黄仲则的'十有九人堪白眼，百无一用是书生'同一意义，而说法不同。又如'红颜'可以代'年轻而漂亮的女子'，'朱门'可以代'富贵之家'。

"第三种是以事物的作者来代替事物，如曹操诗里的：

何以解忧，唯有杜康。

'杜康'是古代造酒的人，用以代替'酒'。这种例子，现在不很多见。

"第四种是事物的资料或工具相代，前面所说以'丝竹'代音乐便属於这一种。又如白居易诗：

田园寥落干戈后，骨肉流离道路中。

以'干戈'来代'战争'了。

"除了上述四种以外，还有四种借代的方式：

　　"第一种是以部分代全体的，例如我们称一切物件作'东西'。'东西'者，因为物产於四方，四方是东南西北，以'东西'来代'东南西北'全体。又如孔子作《春秋》的'春秋'，因为史是记载过去的事实，一年有'春夏秋冬'四季，所以以'春秋'来代四季的全体了。又如温庭筠的《望江南》词：

　　　　过去千帆皆不是，斜晖脉脉水悠悠。

'帆'是'船'的一部分，用以代'船'。

　　"第二种是具体代抽象，或抽象代具体。我们常常以'日'来代'日光'，以'月'代'月光'，以'笛'代'笛声'。如王维诗：

　　　　渡头余落日，墟里上孤烟。

'日'是代'日光'的 。这是具体代抽象。又如，李清照的词：

　　知否，知否，应是绿肥红瘦。

以‘绿’代叶，以‘红’代花。这是以抽象代具体的。

　　“借代之中最值得注意的是‘三’字和‘九’字。这是以定数代不定数的。大凡数目中，一二所不能尽的，时常用‘三’来替代，‘三’不能尽，用‘九’来替代。例如‘利市三倍’‘三思而后行’‘三战三走’‘如隔三秋’‘三年不窥园’‘士别三日，即当刮目相看’。这几句里的‘三’字未必一定是‘三次’的。又如‘九死未悔’‘九牛一毛’‘九回肠’亦未必一定是‘九’。总之，以‘三’‘九’来代替无限数的。所以‘利市三倍’也可以说‘利市百倍’，‘九死未悔’也可以说‘万死未悔’的。如果一定拘泥以一定数目来解释‘三’‘九’，未免太呆板了。

　　“借代和比拟不同，借代是直接来代替所要说的事物，而比拟却以物来比人，或是以人来比物的。杨万里论比拟道：

　　　　白乐天《女道士》云：“姑山半峰雪，瑶水一枝莲。"此以花比美妇人也；东坡《海堂诗》云：
"朱唐得酒晕生脸，翠袖卷纱红映肉。"此以美妇
人比花也。

白居易的《长恨歌》里也说：

　　玉容寂寞泪阑干，梨花一枝春带雨。

也是以'花'来拟杨贵妃的。《现代小说译丛》上有一
段以军队来拟"夜"的文章，写得很好；

　　每日当日光隐灭的时候，黄昏便从地下起来，
这黄昏——一个大的夜的军队，有几千不可见的部
队和几百万的战士。这强大的军队，自从不可记忆
的年代以来，与世界相反抗，每朝退走，每晚得
胜，从日入以至日出，是他为王，在白日里，被打
破了，躲在窠里等候着。

　　"诗中这例子也很多，如李商隐的：

春蚕到死丝方尽，蜡炬成灰泪始干。

以'春蚕'来比拟'人'，以'丝'来比拟'相思'；以'蜡烛'拟人，以'烛泪'来拟'人的泪'。用意是非常深刻的。

"以人拟物，大都常有象征的气味，例如《木兰辞》的结尾：

雄兔脚扑索，雌兔眼迷杂，两兔傍地走，安能辨我是雄雌？

是以兔来比拟木兰的。又如《孔雀东南飞》前两句是：

孔雀东南飞，五里一徘徊。

据胡适说是另一个乐府歌辞的缩短。焦仲卿於他妻子的分离，也如孔雀一样，所以用以比拟。又如称女人的脸叫'桃脸'，嘴叫'樱唇'，手叫'玉笋'，是以人来作物待了。汉朝高祖要废掉太子，立戚夫人的儿子如意。

后来不成功，戚夫人对高祖哭了。於是高祖便歌唱道：

　　鸿鹄高飞，一举千里，羽翼已就，横绝四海。——
横绝四海，又可奈何！虽有赠缴，尚安所施？

一方面可以说以鸿鹄来比拟太子的羽翼已成，一方面也可以说以这歌来象征自己的愁思。

　　"我出'上海风雨'这题目，原是想你们以风雨来比拟或象征上海的种种恶势力的。所以在这个题目里最好是隐约地、婉曲地写成一篇小品文，如果老老实实写成议论文，便乏味了。上海不但在表面上有种罪恶表现出来，而社会里更有极大的暗潮在奔腾着，尤其在这国家多难的大时代中。

　　"但是借代也得注意时代的变迁，古代有古代的社会环境与时代背景，和现在不同。所以古代常用的代词，在现在未必通用。例如现在无所谓'儒冠'，以'儒冠'代现在的文人便成不通。又如古代做官的人穿红穿紫，所以称达官贵人作'红紫显达'，而在现代是不通行了。古人是骑马的，现代用车子，古人可以

'鞭''策'来代骑马而行，如果现在人由上海到杭州去称作'一鞭到杭州'也成了笑话。关于这点，极应注意。那篇文章上，便犯了这个错误了。"

李先生滔滔地说了许久，他也不想再改作文了，收起了卷子，感慨地：

"章明，你在这里已懂得了不少作文的方法，你的文章也逐渐进步了，可是你的内容还很枯燥。在这样低浅的国文程度的一班中，你不考第一，是应该惭愧的。"

"李先生，内容不充实，应该怎样努力呢？"章明张着嘴问李先生，"多读别人的文章一定有帮助的？"

"多读别人的文章固然是一条路，但是也得自己到处留意！社会上到处都是可以充实你的题材和思想的。有了思想，用巧妙的方法表达出来，便是好文章。但是你千万不要'拾人牙慧''人云亦云'，要有卓独的见解。所以韩愈说：'惟陈言之务去。'又说：'忧他人之我先。'都是这个意思。一种题材，各人见了，因各人的心情而各各不同。譬如同样的月夜，喜悦的人，在这月白风清的夜色中，当然感着一种不可名言的美感；但是一个心境不愉快的人，在月夜一定觉到凄苦，觉得月夜正可以增进他的悲哀呢。"

　　章明默默地点点头。

　　四周都很静，偶然墙外有鸡啼的声音，屋子里也更凉了些，夜已深了。

第十四章　中秋之夜

阴历八月十五的晚上，恰巧是星期六。

在大街上似乎比往日热闹些，人们挤来挤去地像一阵怒潮，一直从西藏路到南通路。几家菜馆里传出猜拳和哗笑的声浪来，电灯光直流在地上，人们没有影子，穿了崭新的服装向大公司门里挨进去。汽车连续在马路排成一字，又有许多人在汽车边上互相推挤着。

几家大公司前面的玻璃厨台里陈列着桌面大小的月饼，据说每年总有人光顾的，虽然每只月饼的售价在二百元以上。上海，是一个可赞扬的地方，无论什么东西，售价越大，越是有人来光顾。但是玻璃的外面，也正有不少披破絮的人们在看这月饼呢。

上海是一个最文明的地方，但是也是最迷信的地方。

如果有人不记得这是中秋的话，那么在大街上行走，一定不相信这是中秋的，这里只有灯光的照耀，月光反而被隐没了。也许在这热闹的场合中，有许多人已忘掉了中秋了。

章明同李先生在马路旁边走，他们脸上没有喜悦的神情，但是也不愁苦，平凡地默默地在人丛中挤。

"那边走，这儿太挤了。"李先生拉拉章明，努力地穿过了马路，"咱们乘十九路去。"

一辆汽车直冲到章明的脚跟，靠着行人道停了下来。章明吃了一惊，向前跳了过去，碰在一个穿长衫的人身上。他用手将章明用力地推了一下，昂然走了。汽车里发出一阵轻快的笑声，车门开了，一个身材肥胖的中年人和一个年轻的女子走了出来，旁边一个衣衫褴褛的人替他关了车门，跟在他们后面。这笑声是从他们嘴里发出来的。

章明憎恶地向他们看了一眼，左顾右顾地找李先生。上海，他向来不大熟悉，尤其是晚上。不见李先生他有些着急，而且李先生的朋友家里，他又从来不曾去过，如何能找到呢？他想回校去，但是又给刚才的景象怔住了。

好容易他找到了李先生，小心翼翼地跟了他走。

他们拣冷僻的街道走，但又不敢走到小巷里去，绕了几个圈子，走到了东华桥，他们在车站上等电车。

一阵扰攘声里，他们发现了一个脸上都是血的人力车夫，他被别人打了。据说打他的是一个酒醉的异国人。那车夫流着泪和血在问别人要否雇他的车子。

喜欢看热闹的中国人都聚拢来，看看巡捕没有话，异国人又走了，只有车夫一个，知道下文绝不会有什么奇迹可供他们欣赏，又失望似的四边散开了。

为了三等车挤不过，他们便上了头等。李先生交给买票的二角钱，但只拿到了两张写着八分的票子。

李先生向卖票的冷笑，卖票的却对他做了一个鬼脸。旁边一个乘客却因此而愤怒了，於是他们开始口角起来。章明立在他们的中间，他们相骂时，带给他不少的唾沫花。

车一直向北驶去，过了桥，一边是租界，一边是华界。向车子的西边望去，黑黝黝地只见一些破墙乱瓦，没有人，也没有火光；而那一边，却是排列着的商店。

"这就是四行仓库。"旁边一个搭客在告诉别人。

这名词在章明的耳朵里是熟悉的，他朝外看看，还是黑沉沉的。但他还感到满意，有几个同胞还不曾忘掉这所在地。

他们下了车向东走去，这里比较清静一些，家家门口都烧着香斗，也有几个老太太在念佛。章明也无心看，一阵难堪占据了他，他有些伤感。

"李先生——"他的音调有些异样。

"快到了。"李先生以为他走得疲乏了，看看表，"才六点半呢。"

一排高大的房子在他们面前出现了，李先生上去按一按第六号屋子的门铃，一个中年仆人在大门上开了一个小窗子，伸出头来问，他的脸色很难看，有些烦厌似的：

"找谁？"

李先生从容地交给他一张卡片。他们在门外立了许久，冰风从墙角吹来，有些受不住了。街道上几个小贩在伸吭高叫，不像是中秋的样子——似乎中秋应该更兴奋些。

门开了，经过一个小小的沿廊，向前去是三间楼房，中间的一间大门正开着，里面电灯很亮，一张方桌上放着香烟和茶杯，两个人对坐着在谈话。

他们瞧见李先生，都起身来招呼，并且是很熟悉的样子。

经过介绍之后，章明默默地坐在桌子的下缘，他仔细打量这两个生客。一个年纪比李先生大，大概是这屋子的主人。他的身材是胖胖的，更有趣的是他的头，圆得和皮球一样，又留着短发。但是他的语调却很尖，像女人的声音。高鼻子上架着一副没边的眼镜，粗黑的脸衬着白银的眼镜脚，初看上去有些不大调和，尤其是嘴里微向外露的黄牙。他谈起话来喜欢摇头，同时也稍微有些口吃。

坐在他对面的另一个却是年轻而瘦长的人。头发留得很长，脸上是瘦瘦的。穿了一件旧的西服，衬衫袖口上已经很龌龊了。他很会抽烟，不多说话，讲话时候总是冷冷的样子。但是主人却不因他的态度而减却热情。

他们在谈天，谈的是琐屑的小事。

章明又开始观察这屋子了。屋子并不大，一张方桌，两边两排沙发已占满了这屋子。墙壁当中是一幅单条，画的是山水，纸色很旧，大约是古画吧。屋子的左右壁各挂着四张屏条，一边是花和静物，署名写着蒲松英；一边是字，署名的人他有些不认识。当中是一盏电灯，屋的两旁有两扇门可以通到隔壁厢房里去，正中偏东的一面也有一扇小门。——这是普通中等人家的住宅。

他朝外看看，小小沿廊之外，是一片空地。因为是在晚上，不能看清楚是竹篱笆还是短墙。

仆人上来倒了茶，是一个年轻的女佣。

那胖胖的人姓洪，有些带苏州的口音。瘦的姓赵，不多说话，似乎是北方人。

"致林，上海这地方真住不惯！"李先生朝那姓洪的说。

"老兄，别烦腻了。"那胖子含着笑，"教书本来没有什么意思，尤其是在上海，是这个时候的上海。我劝你还是改行吧。"

"教书倒没有什么。"李先生嗫嚅地，"上海的生活情形我太不习惯了，使我常常想起苏州。"

"钱又这么少，上海念书的人又是少爷，他们真瞧不起你啦，这有什么意思呢？我在苏州五中的时候，不是对你说过吗？教书的人到老来总是要饿死的。你不记得我们的同学钱风云吗？后来他老了，教书教不动，身边没有钱，就干瘪死了。"胖子滔滔不绝地说。

"钱风云死了？他是我以前的老师呢！这个人是自己不好。不肯努力，脾气又是那么固执的。"瘦的人开口说话了。

"鸣之，你在女道中学教得怎样？"李先生问。

"只有一班国文，我是靠写稿子过活的。唉，说起来是高中二年级了，还是别字连天的。"赵鸣之说，又换了一根烟。

"教国文的确不是一件容易的事。中国的教育是失败了。"

洪致林到里面去了，许久不曾出来。

"女道里真奇怪，他们校长是个女人，什么都不知道，最怕是年轻的教师时时刻刻在防你和学生谈恋爱。因此，不准学生在课外问书，连上课的时候多说空话，他也要干涉的。"

"上海的教育是畸形的，他们请国文教师，喜欢要老年人而且是前清有功名的。不论好坏，拱之如神明。他在教室里谈谈自己中科举的得意文章，又可以说说什么‘草线灰蛇’和‘起承转合’。那班学生也莫名其妙，骗骗自己、骗骗家里就过去了。因此，文言文做不通，语体文做不来，变成一种似通非通的文人了。"李先生感慨很深地说。

"女道里初中一年级便在读《大学》哩！那班可怜的孩子们够受了。"

"因此，变成了乌烟瘴气的世界。你看去年大学联合考试的题目不是古董？恐怕连出题目的人自己也还做不清楚哩！这与国文有什么好处？"

"这里未始没有头脑清楚的人，但是为这环境束缚了，他只能一笑了之。於是明白的教师不肯努力，乌烟瘴气的却大出风头了。"

"但是，反过来说，学生家长大半是经商的，他们不知道什么教育，越难越好，以为常常教教浅易的文言文或语体文的教师，一定不是好教师。"

"学生们又何尝不如此！他们有的是钱，只要你肯给分数，一班之中有几个真正肯来听书的？上课时没办法，勉强听听书，但是他们心里却一心以为有鸿鹄将至。即使听了也只有一半，下课之后，只剩四分之一了。到了第二日不去温习，连一分也没有了呢。这样想来，教书是没有多大意思的。"

章明有些难受，他想想自己，却并不如他们所说的一样，一句话溜出了他的嘴：

"可是像我这样的学生也正多啦！……"

鸣之对他看了一眼，感动地点点头。

"但是我们教书的人也不该因环境而馁气的。你想这里面也正有不少的孩子们在求得知识。所以我教书的方式是要听书的肯努力地跟了我走；不愿意努力的，我教导他们，鞭策他们。但是我的计划失败了，学校里对我不满意。"

"像我在宏文里是教三班国文，只有他们一班肯努力。三年级更不像话，他们只知道玩——上海物质的引诱实在太多了。"李先生愁苦地。

"不管他怎样，我们总得尽自己的心。前天我在《中英日报》上发表一篇《我的国文教学法》，你看了怎么样？"鸣之抽了一口烟说。

"你的'读国文不单在教室里读书，要使学生们自动研究'这句话是对的。单解释文句有什么意思？多作文的好处也有限的。所以我一星期叫他们作文，另一星期是教他们‘词的活用’‘文法’‘修辞’上的种种问题，也叫他们练习一下。我所选的都是比较有趣味的记述文和描写文，议论文很少读，即使有，也选择其中清楚而容易了解的。他们的文章先得解决别字和文法上的错误。同时，课外读物我选得很多，每一本书读完了，要他们做一个报告。"李先生慢慢地说。

"可是女道里的工作真繁重，每星期要改誊清、默书、作文、大小楷，再有周记。国文教师不是万能的，也不是有四只手的，这明明是学校里叫教师们马虎。我自己的主张，到现在却没有完全实行，这是没有办法的事。"

"再没理由的是国文教师改大小楷，这是适用於老学究的，他们一手的秀才字，可以教学生们学。但是现代的国文教师却是不善此道的人多，要他改大小楷，未免强人所难了。宏文里也是这样，我是叫别人改的。我尽量腾出时间来教他们如何鉴赏，如何创作。壁报，也是可以使他们努力的机会。教书第一先得提起他们的兴趣来，一味靠凶去压制是不行的。在过去，在内地的中学里，我从初中一教到初中三，完全依自己的主张做的，结果成绩还不坏。"

"但是这也要学生们自己努力的。我常常跟他们一同作文，他们做一篇，我也写一篇给他们看，但是依然没有用处，多费了时间。这是很可悲哀的。"赵鸣之的脸上显出一阵不可形容的忧郁。

"鸣之，我们还是到内地去！"

"嗯。生活在上海，的确没意思呀。"

章明也感到一种悲哀，同时也认识了李先生的伟大了，他以十分热诚的心来教导这一班未经世故的孩子们，而孩子们却还他以冷淡。

"这是前三天的事，一个高中二的学生来问我'态度'和'精神'的不同。"

"能来问还是努力的。"

外边洪致林进来了，他是从外边进来的，在他后面跟着一个年轻的女人。

"冯芝，你也来了？"赵鸣之立了起来。

"李亦平，忙吗？"冯芝立着问，"近来瘦得多了。"她摇摇烫了头发的头，一件黑色的长衫和瘦小的身躯更显出她的美来。

"今天是难得的，几位多年不见的老朋友又重聚在一起了。大家都没有改变。李亦平和鸣之仍旧在教书，鸣之仍旧在卖文章，冯芝刚从香港来，她不久要到内地去工作了。大家都没有改变样子，只有我老了些。"洪致林滑稽地说。"不但老了些，而且也胖了些；不但胖了些，而且也更有钱了。"冯芝故意在取笑他。

"要钱，的确还是做生意。我自从离开粉笔以后，自己知道胖得多了。"致林嬉笑地。

大家重新坐下来。仆人们端上几盘月饼、酒和几种下酒的菜，月光照在外边草地上，很静，也很清爽。

"亦平，你得多喝几杯酒。"致林执着酒壶。

"我已一年不喝了。肺里病得很厉害，你看我不是很瘦吗？"李先生推辞了。

大家在喝酒时，默默地不多说话。不多时，月光已斜泻进屋子里来了。大家才醒过来，冯芝去关了灯，让大家被月光浸润着，他们却感到一种寂寞，是心的寂寞。

"冯芝，好久没听到你的琴声了。今天的聚会是难得的，你愿意奏一曲吗？"赵鸣之淡淡地问。

"好，我不久要离开上海了，我前途的工作是艰苦的，在这危乱的世界中，我们不知何日重见。——可惜这儿没有披雅娜。"

"有的，在隔壁左厢房里。"致林站了起来。

不久，隔壁传来了悠扬的琴声，在夜里，在这月夜里，什么声息也没有，这琴声更清晰地刺入他们的耳鼓。月光晒在桌上，他们四个像透明的石像，默默地，不说话，也不思索什么。琴声是一个很可悲哀的调子，奏得很慢，也很有力，像秋虫在申诉它的悲苦，又像失意人的夜哭⋯⋯

琴声止了。冯芝从里面出来。月光下隐隐地看到她的眼角上，有两粒晶莹的泪珠。

第十五章　摹拟与创造

秋二年级今天的国文课发了几页讲义，内容是讲摹拟和创造的问题。

因为前一次读了一篇《恨赋》，又读了一篇《反恨赋》，同学们要求先生出"拟恨赋"的题目。这时，他们发现了一个问题——摹拟与创造。李先生大略地讲了一个钟头，后来他又补发出讲义来了。这讲义要他们自己阅读的，有问题下次上课再来问。

下午一时五十分以后秋二没有功课了。章明和祖平两个挟了书在旷地的墙边上找着一块大石头，他们仔细地玩味这讲义里的话。

阳光晒在他们的背上，他们快乐地读着：

"摹拟和创造，是两个相反的词儿。摹拟就是模仿，是依照别人的文章的外形或内容来学作文的；创造是别出心裁、独树卓见的文章。

"关於这两者优劣的不同，古人的议论很多。大抵可以分作两派，一派是赞成摹拟的，一派是主张创造的。

"陆机《文赋》上说：'或袭故而弥新，或沿浊而更清。'刘勰《文心雕龙》也说：'因方以借巧，即势以会奇，善於适要，则虽旧弥矣。'这是说作文要摹拟的话。《冷斋夜话》上记载黄庭坚的话道：'诗意无穷，而人之才有限。以有限之才追无穷之意，虽渊明（陶潜）少陵（杜甫）不得工也。然不易其意而造其语，谓之"换骨法"；窥入其意而形容之，谓之"夺胎法"。'这是主张作诗的摹拟。而其中以朱熹为最积极，他说：

> 前辈作文者，古人有名之文字，皆摹拟作一篇，故后有所作时，左右逢原。

又说：

人做文章，若是仔细看得一般文字熟，少间做出文字，意思语脉自然相似。

此后曾国藩教他的儿子作文，也要摹拟。他说：

不特写字宜摹仿古人间架，即作文亦宜仿古人间架。《诗经》造句之法，无一句无所本；《左传》之文，多现成句调。杨子云（**杨雄**）为后代文宗，而其《太玄》摹《易》，《法言》摹《论语》，《方言》摹《尔雅》，《十二箴》摹《虞箴》，《长扬赋》摹《难蜀父老》，《解嘲》摹《客难》，《甘泉赋》摹《大人赋》，《剧秦美新》摹《封禅文》，《谏不许单於朝书》摹《国策信陵君谏伐韩》，几无篇不摹。即韩、欧、曾、苏诸巨公之文，亦皆有所摹拟，以成体段。尔以后作文诗赋，均宜心有摹仿而后间架可立；其收效较速，其取径较便。"

祖平停下来看着章明："你知道这许多文章吗？"

章明摇摇头。"扬雄是帮王莽的人。他有这许多摹仿的文章，可以说是摹仿大家、摹仿祖师了。"

祖平拉拉章明的手："我们有疑问的地方，用铅笔打个记号吧。"说完，又开始念下去了：

"这是主张摹拟的人的论调。还有一派主张创造的，他们的议论也很多，梁简文帝《与湘东王书》里有一段议论：

> 夫六典三礼，所施则有地；吉凶宾嘉，用之则有所。未闻吟咏性情，反拟《内则》之篇；操笔写志，更摹《酒诰》之作；迟迟春日，翻学《归藏》；湛湛江水，遂同《大传》。

陆机同时也说：'忧他人之我先。'韩愈说：'惟陈言之务去。'又说：'惟古於辞必已出，降而不能乃剽贼。'而顾炎武《日知录》里也说：'近代文章之病，全在摹仿，即使逼肖古人，已非极诣，况遗其神理而得其皮毛者乎？'又说：'《曲礼》之训："毋剿说，毋雷同。"此古人立言之本。'明朝袁中郎宏道的话说得

很有意思：

　　盖诗文至近代而卑极矣。文则必欲准於秦汉，诗则必欲准於盛唐，剿袭摹拟，影响步趋，见人有一语不相肖者，则共指以为野狐外道。更不知文准秦汉矣，秦汉人曷尝字字学六经欤？诗准盛唐矣，盛唐人曷尝字字学汉魏欤？秦汉而学六经，岂复有秦汉之文？盛唐而学汉魏，岂复有盛唐之诗？唯夫代有升降，而法不相沿；各极其变，各穷其趣，所以可贵，原不可以优劣论也。

同时，黄山谷的议论，后来王若虚驳他道：

　　鲁直（黄庭坚）论诗，有夺胎换骨、点铁成金之喻，世以为名言，以予观之，特剽窃之黠者耳。鲁直好胜，而耻其出於前人；故为此强辞，而科立名字。夫既已出於前人，纵复加工，要不足贵。虽然，物有自然之理，人有同然之见，语意之间，岂容全不见犯哉？盖昔之作者，初不校此。同者不以为嫌，异者不以为夸，随其所自得，而尽其所当然而已。至其妙处，不专在於是也。故皆不害为名家，而各传后世，何必如鲁直之措意耶？

这两说旗鼓相当，各以为是。除此之外，还有唐朝刘知几将摹拟分作两种：一种是'貌同而心异'，一种是"貌异而心同"。他说：

当秦有天下，地广殷周，变诸侯为帝王，自宰辅为丞相。而谯周思欲摈抑马记，师放孔经，其书李斯之弃市也，乃云："秦杀其大夫李斯。"夫以诸侯之大夫，名天子之丞相，以此而拟《春秋》，所谓貌同而心异也。……盖文虽缺略，理其昭著，此邱明之体也。至如叙晋败於邲，先济者赏，而云"中军下军争舟，舟中之指可掬"，夫不言攀舟扰乱，以刃断指，而但曰舟指可掬，则读者自睹其事矣。至王劭述高季式破敌於韩陵，追奔逐北，而云"夜半方归，槊血满袖"，夫不言奋槊深入，击刺甚多，而但称槊血满袖，则闻者亦知其义矣。以此

> 而拟《左氏》，又所谓貌异而心同也。……盖貌异
> 而心同者，摹拟之上也；貌同而心异者，摹拟之下也。

其实所谓'貌异心同'者，实际上也不能算作摹拟了。摹拟与创造的优劣，既有上面这两种主张，而后来的人议论也很多，但是我们要判断这两者的优劣，必先划清摹拟和创造的界限。如刘知几所说的，实在已将创造也归入於摹拟了。我们所说的摹拟是指摹仿别人文章的外形，或将别人的题材拿来重做，专事摹仿，毫无新意；而创造则完全独抒己见，不做剽窃。而摹拟之中，也可分作两种，一种是完全刻意摹仿，一种偶然相同。后一者也可以原谅。但是这两者如何来区别呢？只能以作品的技巧价值来判断了。刻意摹仿之中又可以分作两种，一种是用以作取笑滑稽之用，倒也别有趣味，还有一种才可以算作毫无意义的。拿古人的作品来说吧。《鹤林玉露》里有一件有趣的事：

> 唐僧诗云："河分冈势断，春入烧痕青。"有
> 僧嘲其蹈袭云："河分冈势司空曙，春入烧痕刘长

卿，不是师兄偷古句，古人诗句犯师兄。"

这未免生吞活剥了。章学诚《古文十弊》中也记载着一件专事拟仿的妙事：

　　文欲如其事，未闻事欲如其人也。尝见名士为人撰志，其人盖有朋友气谊，志文乃仿韩昌黎之志柳州也，一步一趋惟恐或失也。中间感叹世情反复，已觉无病费呻吟矣。未叙丧费出於贵人，及内亲谒劳其事，询之其家，则贵人赠赙稍厚，非能任丧费也。而内亲则仅一临穴而已，亦并未任其事也。且其子俱长成，非若柳州之幼子孤露，必待人为经理者也。诘其何为失实至此，则曰：仿韩志柳墓终篇有云："归葬费出观察使裴君行立。"又："舅弟卢遵，既丧子厚，又将经纪其家。"附纪二人，文情深厚，今志欲似之耳。余尝举以语人，人多笑之，不知临文摹古，迁就重轻，又往往似之矣。是之谓"削趾适履"，又文人之通弊也。

真和笑话上所说的一个人抄了一副女用挽联去挽别的男人，别人说他弄错了，他说他不曾弄错，而他们家里却死错了人。因为想模仿别人的文章而不顾及内容，真是笨伯。这种摹拟是不可学的。

"但是有的却不能说它是摹拟，古今文句诗句偶然相似的很多，只能以好坏来判断它的优劣。当然抄袭而略改几个字的是例外的。古人诗里以'白头'对'青眼'的很多，如：'读书头欲白，相对眼终青。''身更万事已头白，相对百年终眼青。''看镜白头知我老，平生青眼为君明。''故人相见尚青眼，新贵如今多白头。''江山万里尽头白，骨肉十年终眼青。''白头逢国士，青眼酒尊开。''别来头并白，相见眼终青。'而意思各各不同，形式内容虽有的相似，而不能以模仿说它不通。

"还有一种是故意摹仿，用来做嘲弄用的，虽是摹拟，亦另有风趣。例如《渑水燕谈录》里的：

> 贡父（刘攽）晚苦风疾，鬓眉皆落，鼻梁且断，一日与子瞻数人小酌，各引古人语相戏。子

瞻戏贡父云："大风起兮眉飞扬，安得壮士兮守鼻
梁。"座中大噱，贡父恨怅不已。

这两句是仿拟刘邦的《大风歌》'大风起兮云飞扬，威
加海内兮归故乡，安得猛士兮守四方'的。这是单仿句
子的形式的，不但可以摹仿，也可以割裂古人诗文句来
用，如《坚瓠集》中的：

　　一富翁慕好客之名，而不甚设酒食，一日诸词
人杂坐，久之，惟具水浸藕两盆而已。诸人举手而
尽。一客因诵"客到但知留一醉，盘中唯有水晶
盐"之句，云太白此诗，若删去四字，便合今日雅
会矣。一客问宜去何四字，答曰："客到但知留，
盘中唯有水。"众皆大笑。

虽然直抄却很有趣。又有取别人的题材的，这也属於摹
拟，但不能说它不好，《论语》上有一段是：

　　子华使於齐，丹子为其母请粟，子曰："赤之

适齐也，乘肥马，衣轻裘，吾闻之也，君子周急不继富。"原思为之宰，与之粟，九百，辞。

清代考试科举，一次岁考出了这一段做题目，有一个秀才喜欢看弹词，他便写道：

> 圣人当下开言说，你今在此听分明。公西此日山东去，裘马翩翩好送行。自古道：雪中送炭为君子，锦上添花是小人。豪华公子休提起，再表为官受禄身；为官非是别一个，堂堂县令姓原人。得了俸米九百石，坚辞不要半毫分。

这正可以作一个有趣的故事。这一类不论它是摹拟，是故意的摹拟，但是作滑稽之用是非常有意思的，这种不能说它是不妥当。

"诗句与词句常常有相似的地方，诗有'夜阑更秉烛，相对如梦寐'，词有'今宵剩把银缸照，犹恐相逢是梦中'，词意不及诗意。又如词有'绣床斜凭娇无那，烂嚼红绒，笑向檀郎唾'，诗有'闲情正在停针处，笑嚼红绒吐碧窗'，诗不及词。诗与诗也有相似的，如'夕阳牛背无人卧，带得寒鸦两两归'与'叶随流水归何处，牛载寒鸦过别村'，'醉貌如霜叶，虽红不是春'与'小儿误喜朱颜在，一笑那知是酒红'。词与词也有相似的，如'春归何处，寂寞无行路，若有人知春去处，唤取归来同住'与'若到江南赶上春，千万和春住'。文与文也有相似的，如'断云与野鹤俱飞，竹响共雨声相乱'（骆宾王），'青天与白水环流，红日共长安俱远'（李商隐），'残霞将落日交晖，远树与孤烟共色'（陈子昂），'原花将晚照争红，怪石与寒流共碧'（薛逢），'落花与芝盖齐飞，杨柳共春旗一色'（庾信），'落霞与孤鹜齐飞，秋水共长天一色'（王勃）。其中只能以好坏来分别，不能以摹仿与创造来分别了。因为你知道谁是创造，谁是摹拟呢？

　　"这是摹拟与创造的评价，但是像陆机他有许多拟古诗，专事拟古便毫无价值了。这种摹拟是最下等的作品。但是我们作文在现代习作时期，也不能完全脱离摹拟，因为选文的读讲，一方面固然是增进你们阅读的能力，而另一方面也是给你们做作文的参考。凡是古人或今人文章里造句、结构、用字等有好的地方，你们尽可以摹拟的，因为这是习作，没有什么妨碍；如果将来文章做好了，自己可以创造了，便不能将别人的文字或题材来当作自己的。拿别人的题材、文句来当作自己的题材、文句，不单是将有一个'滕文公'的雅号，而且有损碍于作文的道德的。"

章明和祖平念完了这几页讲义，会心地点点头，他们又增多了一种文学上的常识了。

"对的，摹拟的确是一种恶风气。最好我们作文也不要摹拟呀！"祖平拍拍章明的肩。

"不对，我们正是学作文，不妨摹拟一下，但不能养成摹拟的习惯。你看是不是？"章明答。

太阳正晒在他们头上，在地上斜斜地留着两个影子。祖平摸摸他的头发，站起来，对章明说："这里还有几个不懂的地方，咱们去问李先生去。"

李先生正下课，在洗手上的粉笔灰，看见他们来了，回过头来问他们：

"你们读过这讲义没有？有趣味吗？懂吗？"

"李先生把摹拟和创造的界限分别清楚了，我们对於这两个词儿也更明白了。不过这里面还有许多不容易懂的地方，想问问李先生。"章明答，他立在方桌的前面，靠着方桌，祖平立在他的左边。

"慢，这几个不懂的地方让我到教室里面去解释吧——你们对於我所说的意见没有什么异议的地方？"

"……"

"我可以再补充一下，摹拟这名词并不坏，专以摹拟来做自己作文的手段是错误的。有人读得欧阳修的《醉翁亭记》好，便写一篇文字硬凑进许多'也'字，第一句也是'环什么，皆什么也'。你们想，自己穿了别人的衣帽，又长又大，这是不是好文章？桐城派专於着於外形，不知内容，他们误解了'摹拟'，以为'摹拟'是作文唯一的法宝，而不知归有光的圈点《史记》，乃是用以观赏，并非句句字字学习摹仿的。从前人说'取法乎上，仅得乎中，取法乎中，仅得乎下'，你学杜甫，即使学像了，也不能超过杜甫，这有什么用呢？所以文章贵乎独出心意，不同凡俗，要'我写我口'才是好文章。所以明代丘濬有首诗道：

　　　摛语操辞不用奇，风行水上茧抽丝，

　　　寻常景物口头语，便是诗家绝妙辞。

这也是说不要人云亦云。跟了人家的路走，只可以没路走或者不会走路时学学，会走了，要走自己的路，要开辟出一条新途径来，不然便是‘应声虫’‘留声机’了。”

第十六章　重阳的故事

重阳正是星期二的那一天。

院子里供着许多菊花，在校门旁边的石级上一直排列进来，虽然没有什么特别的种子，但也非常可爱，远看来像一堆堆的白雪，又像一丛棉絮。那些喜欢闹的小学生们有的在偷偷地弄那些花瓣，摘下来放在衣袋里玩，看见先生们过来，飞快地又逃走了。

夜后，天色渐渐阴沉起来，像要下雨的样子。三年级同学们嚷着要学校里放半天假。在昨天，已闹得满城风雨了，是为了重阳要登高，要学校里停课一天去远足，但是校长不答应。於是有的就造谣在哄别的同学，弄得大家不安。秋二年级也是如此，今天上第一课算术，又是比较困难的功课，大家在教室里瞎吵。算术教师孙先生阻止不住，骂了半个多钟头，但是下课以后，有的同学还在嚷："放假！"

虽则半天已经过了，但是有的同学切望放假的心还没有死。大家站在露天的檐下乱谈，他们的心早已飞到高山上去登高了。

章明独自一个人在菊花旁呆立，他比较能克制自己，但看到同学们的纷扰，也有些觉到心绪不宁。他踱出教室来，来看看菊花，念着"遥怜故园菊，应傍战场开"的诗句，不觉又有些黯然了。

他觉着后面有人蒙住了他的眼。

"祖平！"他摸摸后边的人的手，又知道自己猜错了，"不，是嘉淦！"

"哈哈，对了，"钱嘉淦放了手，拍拍他的膀子说，"你为什么在这儿发呆？"

"教室里闹得很。"章明随便回答。

"照理，重阳是应该让我们去登登高的，一年一度的良辰佳节。"他同情三年级同学向校方的要求。

"但是，在这种环境之下，我们上哪儿去登高呢？"

钱嘉淦倒被这句话怔住了，半晌没有回答。赵云峰走了过来，听见了他们的话，便插嘴道：

"上大新公司屋顶花园不是登高吗？"

"这又有什么意思？怪烦腻的！"嘉淦现在又赞成章明的话了。他穿了一件新的夹制服，举止有些不大自然。

"下午又要上两课，真麻烦！"赵云峰对上课总有些不大高兴。他想了一想，又突然说："下午第一课是国文呢。"好像国文课有新希望给他似的。

"明天大概又要作文了。"嘉淦说，他对着章明，"你的作文为什么总是这样流利的？"

章明谦虚地摇摇头："有什么？大家不是一样的吗？"

赵云峰拉拉章明和钱嘉淦的手："咱们早些回教室去，快上课了——我告诉你们一件事，我们的学校怕不久就要关门了。"他的话声浪很低，像怕别人听到。

"为什么？"他们两个吃惊地问。

"上海局势变了。怕不久有什么压迫会来的。我有一个亲戚告诉我，下学期学校怕成问题了。"他又低低地说。

"那么我们读书又将中断，咳，为什么这样不幸？在这时代中做人是苦恼的。"章明很忧虑将来会有什么不幸加在他的身上来，近年来他已变得更懂事了。

"是的，三年级的英文教师沈先生也是这么说的。"钱嘉淦证明赵云峰的话是有充分根据的。

他们默默地走，各人心里起了一种不可名言的纳闷。尤其是章明，他吃过苦，他知道了失学的苦痛。一路上三年级同学还在咒骂学校措置的不妥当，也有的在想对付学校的办法，二年级同学也在附和着。

他们走进教室，教室里的人少了一半，据说这一半中的一半已经请假跟父亲或亲戚去上游艺场了。还有许多人还在教室外边纷纷议论呢。

他们在位置上坐下来，没有说话，静静地在思索。

祖平气嘘嘘地从外边夹着书包进来了，一直走到章明的前面，"我以为又要迟到了，家里中饭在请客，真麻烦，爸爸一定要我陪客人，我吃了半碗饭就走了。——还没有吃饱呢！"

章明抬起愁苦的脸来："你们是幸福的！"

打了预备钟，外边的同学都进来了，教室里又嘈杂起来，一直到李先生进来，还没有停止。

李先生还不曾点名，教室里还是乱哄哄的，李先生故意提高了喉音问：

"上课了没有？"

"上课了。"大家回答，嘈杂声终止了。

"李先生，今天为什么不放假？今天是重阳。"一个惯於顽皮的郑定功立起来，大声地，态度有些倔强。

"这问题吗？应该是我来问你的。"李先生从容地答。大家有些诧异起来。

"因为你们是出钱来求得知识的，我是以知识灌输给你们向你们要钱的，譬如做生意，我是开店的，你们是主顾，这东西要不要买，应该由主顾来说，做生意的人不好勉强主顾。"大家都笑了起来，李先生又转变了脸色严厉地："你不愿意念书，你尽可以休学，也可以告假。学校里是没有理由随便荒废你们的学业的。在这时代中读书不是容易的事。——你刚才的态度太不像话了。学生对教师应该敬爱，教师不是学生的仇敌而是学生的恩人，你知道吗？连这点都分别不清楚，亏你做中学二年级的学生！"

大家默默地不作声，李先生也不讲话，教室里是静静的。

不久，李先生又换了和蔼的脸色，又开始讲下去了。

　　"你们知道为什么叫'重阳'？中国的习俗，每一个佳节总是月数和日数相等的那一天。如一月一日是'元旦'，二月二日是'花朝'，'花朝'是百花生日的意思。三月三日是古代出游的日子，杜甫诗上说'三月三日天气新，长安道上多丽人。'这便是一个证据。《荆楚岁时记》中也说三月三日士民并出江渚池沼为流杯曲水之饮。五月五日为'端午'，又称'重五'，是'双五'的意思。这日子是屈原自沉汨罗的纪念日，也是曹娥殉父的日子。齐国孟尝君田文也是这一天生的。七月七日是'七夕'，织女渡河的故事见於《续齐谐记》。《淮南子》上也说：'七夕乌鹊填河成桥，渡织女。'九月九日便是重阳了。

　　"'重阳'的所由得名，是因为九月九日的关系，所以又称'重九'，'重九'为什么叫'重阳'呢？曹丕曾经解释过。"

　　他转身在黑板上写了：

　　　　岁往月来，忽复九月九日，九为阳数，而日月并应，故称曰重阳。

"在古代，依《易经》上的说法，'九'数是属於'阳'的。因此便称作'重阳'了。

"那么重阳为什么要登高呢？原来从前有一个故事。《续齐谐记》上说：晋朝汝南地方，有一人叫桓景，他跟费长房读书——费长房是一个善於研究《易经》及五行的人——一天，费长房对桓景说：'九月九日，你的家里将降临一种火灾祸，你赶快叫家里的人各做一个彩色的袋子，里面盛了茱萸，挂在臂上，登高山，饮菊酒，那么此祸可免。'桓景很相信他老师的话，照样做了。等到傍晚回家，家里的鸡犬一时突然都死了。因此后来的人便以此作惯例，每逢这一日，便去登高吃菊花酒了。其实这不过是相传下来的神话，而后人却变成一种风俗。照理，秋天是天高气爽，登高可以望远，很有趣味，却不定要在重阳的。一年之中出游的佳日，只是春秋两季。春天百花齐开，所以可以在平地上、池沼边去散步，所以俗话有'踏青'之说。秋天登高，也是和春天踏青同样的意思。

"但是，为什么这一天要喝菊花酒呢？菊花酒真的能避灾吗？这也不过是一种迷信。因为菊花，照药书上说可以‘辅体延年’，因此人们替它起了一个雅名叫作‘传延年’。人们吃菊花酒，和新年吃桂圆一样，是吉利的意思。我们有科学头脑的人，不应相信它。”

李先生的话停住了，大家忘了放假的问题，希望他再说下去。

“此外，关於重阳的故事很多，我昨天翻了一翻书，觉得很有趣，让我再说下去！

“宋朝有个诗人叫潘大临，家里很穷。重阳将近，他的朋友谢无逸问他近来有没有好诗？他说：‘昨天我卧在床上，听到风雨搅林之声，於是便作出一句“满城风雨近重阳”。’忽然催租的差人来了，诗兴被他打断，於是便只此一句。这句诗，后来差不多每人都知道是一句名句，而且重阳将近，的确常常有风雨的。足见从前诗人作诗的不容易了。宋代作诗的人，有两个代表，一个是秦观，他的文思很快；一个是陈无已，他作诗，先走到家里，蒙头而卧，不许屋子里有一些声音，所以每当他作诗的时候，他的妻子带了小孩和猫狗一齐到邻家去。所以后来有人批评他们道：‘闭门觅句陈无已，对答挥毫秦少游。’像这种苦吟的诗人，正如贾岛所说的'两句三年得，一吟双泪垂'了。"

同学们都哄笑了起来。

"重阳古代人的风俗，有所谓'重阳糕'，这风气到现在还有许多地方还留存着。《岁时记》上说：'重阳糕是枣子做的，或者加上栗。'而且外面还加上许多花纹。《梦华录》里说：

> 重九以粉面蒸糕相遗。上插彩幡掺钉果实，如石榴栗黄银杏松子之类，又以粉作狮子蛮之状，置於糕上，谓之狮蛮。

也有的以小鹿做糕上的装饰的，称为"禄糕"，也见於《岁时记》。宋代刘梦得在重阳作诗，想用'糕'字，后来他在《五经》里一查，见《五经》里没有糕字，便辍诗不作了。因为古人作诗要每个字都有来历的。此后宋祁九日食糕，作了一首诗道：

> 飚馆轻霜拂曙袍，糗粢花饮斗分曹；
> 刘郎不敢题糕字，空负诗家一代豪。

刘梦得这么一来，便做了宗祁诗中的'糕'字的来源了。

　　"还有一件有趣的事，晋朝孟嘉是桓温的参军，在重阳日游龙山，宾客满座，这时一阵风将孟嘉的帽子吹落了，而他兴味正浓，毫不觉得。於是桓景叫孙盛做了一篇文章来嘲笑他，孟嘉也做了一篇文章答孙盛。可见当时文人们的风趣了。

　　"就是唐朝王勃的出名，也在这一日。据说，前一天王勃在舟中梦中见一白发老者，对他说明天你有奇遇。过夜，船被吹到滕王阁下。这时候有一个阎都督想夸耀他女婿的才能，先一日叫他女婿作好一篇《滕王阁赋》，可以在明天对客挥毫。这一天滕王阁上宾朋满座，阎都督正在请客人作赋，客人们都不曾预备，都婉言谢绝，阎都督正欢喜他女婿可以当众出风头了，这时王勃踱上阁来，听说都督请人作赋，便毫不客气濡笔作了。当时阎都督很不高兴，后来他作到'落霞与孤鹜齐飞，秋水共长天一色'的几句，阎都督非常佩服，称赞他的聪明。这时王勃才二十岁。这样一来，他便以文章出名了。唐初四杰是'王杨卢骆'，'王'是王勃，'杨'是杨炯，'卢'是卢照邻，'骆'是骆宾王。当时人将王勃放在第一个，足见当时对他的推崇了。

　　"还有一个神话，说是唐明皇在重阳日出外行猎，有一只雁飞去，他射了一箭，雁便带箭向西南飞去。同时，益州地方有一个道士叫徐佐卿，这天从外边回家，手里拿了这支箭对他的徒弟说：'吾在山中飞行，被别人射伤。'於是即将这支箭挂在壁上，写了日子，又说：'十年之后，箭主会到这儿来取箭的。'十年以后，唐明皇果然因为安禄山之乱逃到四川，在寺里发现了那根箭。

　　"这是神话了。凡是一个佳日，或者一个纪念日，往往会有许多的神话发生的，我们只可以当作有趣的故事来看，不能拘泥地说它是一定的事实。

　　"王维有一首重阳诗，写得很好，我们在外作客他乡的人，在一个佳节，难免有思乡之感的。但是在现在这种时势之下，故乡只够你悲苦了。他的诗是：

　　　　独在异乡为异客，每逢佳节倍思亲；
　　　　遥知兄弟登高处，遍插茱萸少一人。

所少的人正是他自己。不过这还是太平时候的景象，我
们且读白居易的：

> 时难年荒世业空，弟兄羁旅各西东。
>
> 田园寥落干戈后，骨肉流离道路中。
>
> 吊影分为千里雁，辞根散作九秋蓬。
>
> 共看明月应垂泪，一夜乡心五处同。

现在就是这景象了。时难年荒，正是一个战争未息的时
代。'世业'即以我们普通守家吃饭的人了。'田园
寥落干戈后'不是正在说现代吗？我相信有许多同学
的故乡都是荒芜满目了。'骨肉流离'也是已成为一般
普遍的现象了。所谓'娇儿怀中犹索乳，慈母项上已无
头'，你们能安安心心在此地读书，我能在此地教书，
已经是万分的幸福了。"

李先生顺口说来，有些难堪的样子。

"你们应该记住，在幸福圈子里生活，应该来利用
它，来享受它，不应该偷懒，玩耍。校门口正有不少失
学的孩子们在羡慕你们的幸运呢！人世间的事情大都是

可悲的，是矛盾的，可以读书的人却厌恶读书，不能读书的人却在羡慕读书的乐趣。你们想想，现代你们的责任是多么重大，整日玩耍，你能充实自己吗？你能改造社会、复兴民族吗？今天是一个佳节，你们尤其应在这佳节里认清自己岗位上的任务，在努力中过这佳日，否则，以后这日子会变得更可悲更可怜的纪念日了。"

他的样子很兴奋，语气也很沉重，像针尖一样一枚枚地刺到每个同学的心上。有几个被感动得流泪了。

秋二教室里今天特别静，满屋里充满了严肃的气氛，似乎是在纪念一个重大的纪念日的样子。

"这几个故事，就算重阳日我送给你们的礼物，明日作文的题目就是'重阳的故事'，你们或者加些穿插，写这里面较有趣味的一个，或者都记录下来。但是注意不要写得记账式，要加些有趣的描写。"

第十七章　诗句与文句

连下着几天的大雨，天气冷得多了。每日清晨总是阴风细雨的，使人们感到抑郁，也使人们发愁。

李先生在梦中醒来，隐约地听到章明念诗的声音，是那么柔和的调子。他睁开惺忪的睡眼，看见章明正披了一件破旧大衣在念着昨天讲过的诗的讲义。

他立刻翻身起来，急促地问：

"不早了？"

"不，才六点半呢。今天又是阴天，外边的风很大。"章明回过头来答。

"又是半年将过去了。这样下去，不知如何了局呢？"李先生一壁穿了衣服，感慨地。

"是说战局吗？咳，真使人太沉闷了。"

"上海，太沉闷了。"李先生在刷牙，头发蓬蓬地，两只眼皮有些浮肿，这连接几夜失眠的缘故。他又走到抽斗面前取出他妻子写给他的信来——这信昨天才寄到，而他已经看过两遍了。他看看信，觉得又惊又喜的表情。

"李先生，预备带师母到上海来？"章明问。

"想这样，但是上海的生活费用太大了。"

"你不是说你的朋友洪先生会帮忙吗？"章明希望李先生能仍旧留在上海。

"有些不好意思麻烦人家。"李先生又陷入於沉思状态了。

章明仍旧在读他的诗。

"你已经明白'律待''古诗''绝句'的分别了吗？"李先生突然问。

"已经知道了。我觉得两句相对，很有趣味。——这是中国文字的特点。"

"你刚才念的'雪后园林才半树，水边篱落忽横枝。'这里边的'才'字和'忽'字很有力量。你觉到吗？"

"是的，这两句的神情好像全在这两个字上。又如陆游的那首里的'铁马秋风大散关'，好像非常雄壮，但是不知道这雄壮的意味是从哪里来的。"

　　"这是利用印象来作诗的一个妙法。每种词头，都可以给人们一个印象，'铁马''金戈铁马'有雄壮的意味，'秋风'有'大风起兮'的意味，'大散关'又给人们以险要的印象；几个词联起来，意思便格外浓厚了。诗的造句，往往用这方法引起读者的感情来。例如元人马致远的《天净沙》小令，它单将几个名词排列在一起，也可使人容易引起真实的感情来，他的词是：

　　　　枯藤老树昏鸦，小桥流水人家，古道西风瘦马。——夕阳西下，断肠人在天涯。

这小令引起读者的感情，全在'枯''老''昏''小''古''西''瘦''夕''断肠'等形容词。如果试将'西'改成'春'，整个浓厚的意念便被破坏了。用这种方式写诗的，如唐代温庭筠的"鸡声茅店月，人迹板桥霜"，也另有风味的。"

　　章明随手把李先生所说的诗句抄了下来。

　　"我们刚才念过的那一首中'浮云游子意，落日故人情'是不是和上例一样的？"

"不，上例全是实体词，而这两句是省了里面的关系动词，就是说'游子之意如浮云，故人之情如落日'。"

"那么，不是没有动词了吗？何以知道它一定是关系动词呢？"章明问。

"这是诗句的习惯。普通省略的只是关系动词。如其是别的动词，一定是不省略的。例如你们念过的'不才明主弃，多病故人疏'一样。因为诗有字数的限制，往往求简，有的全句意义不明白的很多。而且古人作诗专重表面，喜用奇文异事，那么文义更晦涩了。至於诗句的对法，却有好多种：除了普通的对法以外，还有所谓'蹉对'，《冷斋夜话》有一段话……"

李先生翻出一部《渔隐丛话》来，指了一节给章明看：

介甫诗云："春残叶密花枝少，睡起茶多酒盏疏。""多"字当作"亲"，世俗转写之误。洪（惠洪）之意，盖欲以"少"对"密"，以"疏"对"亲"。余作荆南教官，与江朝宗汇者同僚，偶论及此，江云："惠洪多妄诞，殊不知晓古人诗格，此一联以'密'字对'疏'字，以'多'字对'少'字，正交股用之，所对蹉对法也。"

"因为普通的对偶法用得太多了，便有这种对法产生，例如李群玉的《赠郑相并歌姬诗》中的：

裙拖六幅湘江水，鬓耸巫山一段云。

照例，应该以'六幅'对'一段'，以'湘江'对'巫山'的，此处也故意颠倒了。

"不但诗句如此，文句有时也重在变化，而不可以平列。否则会引起读者厌恶的情绪的。你读过的归有光的那篇《先妣事略》第一段中就可以看到有许多变化：

……逾年，生女淑静——淑静者，大姊也——期而生有光，又期而生女子；殇一人，期而不育者一人。又逾年，生有尚，妊十二月。逾年，生淑顺，一岁，又生有功。

其中的'逾年''期''一岁'交杂着用，原是怕文调太单纯的缘故。所以句法尽可变化，在篇章中要使它不可单调。"

"要求对句的工切，我想，真是一件不容易的事。如果有了对子而作不成诗句，岂不可惜？"章明又问了。

"所以，形式音韵字数的拘泥，牺牲了不少的好句子。但是，单讲对子的工切，是没有多大的意思的。从前有人出对子说'五月黄梅天'，有人对出'三星白兰地'；这两个对子非常切贴，可是又有什么用处？清代笔记小说中又记载着一个巧妙的对子。说是一个秀才因为考试落第，在旅店中过夜，半夜里听到窗外有隐约的低泣声，很明晰地在叫着'氷①，冷，酒，一点两点三点'，一连叫了一夜。於是便在第二天去问店主。原来这屋子里曾有一个仕人自缢过，致死的原因是因为这个课子对不出来。——你想，'氷'字上面不是一点，'冷'字两点，'酒'字三点吗？另一方面又可以说是三点酒。

---

① 此字为 1955 年《第一批异体字整理表》淘汰的异体字，今作"冰"。——编者注。

这秀才想了半天，也对不出，只得回家。不久，他在春天去扫墓，看到坟上花朵盛开，他问别人这是什么花，用人们告诉他花名是'丁香'。他便对出了那鬼的对子了。'丁香花，百头千头万头'，'丁'字是'百'字的头，这两字都是一划写起的；同样，'香'字是'千'字的头，'花'字是'万'字的头了。"

"对子虽然精巧，但是在思想又有什么联系呢？所以但讲对仗是没有用的。杜甫作了两句诗，非常奇突，对仗也很工巧，可惜是不通的！

红稻啄馀鹦鹉粒，碧梧栖老凤凰枝。

照理应该是'鹦鹉啄馀红稻粒，凤凰栖老碧梧枝'，他上下一倒装便不通了。江淹是六朝的文学家，他也有：

孤臣危涕，孽子坠心。

照例应该说'孤臣坠涕，孽子危心'——这种都不是造句的好方法。

"其实，对偶不定是骈文与诗才有的，太拘泥于形式是不对的。古人文章之中有许多很自然的对偶，例如：

满招损，谦受益。　　　　　（《书经》）

君子周而不比，小人比而不周。（《论语》）

生则天下歌，死则天下哭。　（《荀子》）

圣人不死，大盗不止。　　　（《庄子》）

诲尔淳淳，听我藐藐。　　　（《诗经》）

等都是。又自然，又顺口，何必勉强去做？唐朝刘知几在他的《史通》里批评隋人姚最的《梁后略》里的文章'得既在我，失亦在予'（是高祖的话）说：

变我称予，互文成句，求诸人语，理必不然。

为了对偶便不能使文句中有字重复了。刘知几又批评对偶说：

其为文也，大抵编字不只，捶句皆双。修短取均，奇偶相配。故应以一言蔽之者，辄足为二言；
应以三句成文者，必分为四句。

所以近代人胡适便提出'八不主义'，提倡作文不讲对
仗，这是对的。

　　"作诗最要紧的是诗意，等於作文着重思想一样。
但是以音调和形式来取胜，这是不算诗的。记得有一个
故事，说有商人和读书人一同联句。商人先说，他作了
一句'柳绿桃红二月天'，那读书人因为他的诗句有些
像弹词，立刻接下去说道'老夫人移步出堂前'。又如
《儒林外史》里所说的诗：

　　　　桃花何苦红如此，杨柳忽然青可怜。

岂非大大的笑话吗？

　　"试读张俞的《蚕妇》：

　　　　昨日入城郭，归来泪满巾。
　　　　遍身罗绮者，不是养蚕人。

和白居易的《杜陵叟》：

> 杜陵叟，杜陵居，岁种薄田一顷馀。三月无雨
> 旱风起，麦苗不秀多黄死。七月降霜秋早寒，禾稻
> 未熟皆青干。长吏明知不申破，急征暴敛求考课。
> 典桑卖地纳官租，明年衣食将何如。剥我身上衣，
> 夺我口中粟，害人虐物即豺狼，何必钩爪锯牙食人
> 肉。昨日里胥方到门，手持尺牒傍乡村，十家租税
> 九家毕，虚受吾君蠲免恩。

这里面有思想、有诗意，便是好诗，所谓'文章为合时
而著，诗歌为应时而作'了。所以古诗乐府其思想往往
容易畅达地流露，便是没有形式束缚的缘故。

　　"现在人作文常常喜欢求字面的漂亮，不顾内容，
往往变成了绣花枕子，好看不中用了。

　　"赏鉴文章的程度，可以分作三种。第一种专於着
眼於文字中故事的演变，这是文学程度最浅的表现。你
看，外面书摊子上不是有许多连环小说吗？看连环小说
的人，只重故事，文章不通也由它，图画恶劣也由它，

只要把故事讲明白就算了。第二种比第一种进步了许多，他们知道赏鉴文字、文字的技巧，他们会赏鉴、会批评，所以一个平淡的故事，只要文笔流利，他们也是看了不肯丢弃的。第三种最进步的，是要了解作者的思想。中国人读《陶渊明集》，是说在读陶渊明的文章；而外国人却直接地说读尼采，读普式金，读雨果，这都是着重在他们的思想的缘故。"

李先生已洗好了脸，坐下来抽烟了。他看看表，看看窗外。雨，丝丝地下了，偶然有几点从窗外洒进来，是很细的雨。外边有一阵浓雾，像轻烟一样，像灰色的纱一样，笼遍了已枯萎的杨柳的树枝上。

他走近章明，在章明对面的椅子上坐下来，继续说了：

"所以旧诗在现代被摒弃是自然的趋势。新诗虽然不讲究格调，不讲究对仗，但是应该有诗的风趣存在着。我喜欢读刘延陵的《水手》：

> 月在天上，
> 船在海上。
> 他两只手捧住面孔，

躲在摆舵的黑暗地方。

他怕见月儿眨眼，

海儿掀浪，

引他看水天接处的故乡。

但他却想到了——

石榴花开得鲜明的井旁，

那人儿正架竹子，

晒他的青布衣裳。"

李先生用着曼声的调子低吟着。

"这首诗用韵也很有趣，又有鲜明的印象。确是一首好诗。"

"新诗句子不整齐，不是和词一样吗？"

"那又有些不同了。新诗并没有一定的格律的，而词却是有一定的格式，要依谱填词，不能随便。——讲到词的兴趣，一半是由于音乐的器具的更改，一半也是因为诗太整齐了，不容易引起趣味来，所以在唐代末年便有词的兴起。当时作词也和现代的新诗一样，没有什么一定的格式，只要能歌唱就是了。所以宋代的词用韵还是随便的。只要口头上韵脚差不多就是。后来一切又慢慢地走上了格律的路，因此，又变成更麻烦、更束缚的东西。

"所以词的兴起，可以说是中国韵文上的一个革命。可惜后来文人又喜欢自己做成圈子来作弄自己。

"再谈谈词的用韵吧。诗韵本来是依照当时人的读音而分类的。如'阳'字和'香'字是很近似的。但是现代人作旧诗也将诗韵当作《圣经》，一点也不敢改易。其实，因地方的不同，因时代的不同，声音上早已变了。词韵上'东'和'冬'分成了两类，在现代不是一样的读音吗？所以现代人即使要作旧诗，也得将韵改良一下，依现代的国音来好好地分类一下，作成一部新的诗韵。"

章明听得很有趣，他对於中国韵文很喜欢，他觉得读诗比读文章有趣味得多。

校役端进两盆早饭菜和粥进来，一盆是乳腐，一盆是花生米，他们开始吃早饭了。

"李先生，想学作诗是不是一件困难的事？"章明手里拿着筷子问。

"这在乎各人的天性了。有的人作了一辈子，还是打油诗；有的人因为他有敏感的头脑，作诗起来自然更有趣了。大凡用功努力的人，他的诗可以走上工稳的路，可以走上婉曲的路；而聪明一些的人，可以走上这豪放的路，走上新颖一派的路。例如唐朝两个诗人——李白和杜甫便是绝好两个例子。但是现代学诗专於孜孜地研究格律是没有用的。先得要修养自己，充实自己，对於一切要仔细地观察——和作文一样，先要求思想的充实，再努力研究文字上的技巧。"

"当当！……"外边开始在打预备钟了。

第十八章　生活的挣扎

这几天，天气骤然变冷了，尤其是晚上，北风从窗橱里吹来，棉被也挡不住这寒冷。清晨，屋子外边已铺遍了银色的地毯；树枝和墙头，很显明地分出了阴阳面，像立体的图画一样。

章明洗好了脸，已经八点多了，这是阳历元旦的后二日，学校里冷落得可怜，尤其是大雪的日子，四周显得更寂静了。屋子里只有他一个人。李先生昨天出去访朋友，不曾回校。他本来是很少出门的，所以昨天一夜，章明更觉着寂寥了。

他看看自己身上的单薄衣裳，又看看天上的雪直洒下来，有些耽心的样子。本来，这一学期快过去了，下学期怎样应该自己有所决定了。李先生方面，他已为章明化过不少的零用钱和饭钱，没有勇气再向他要求了。

唯一的方法，只有向自己的舅舅去商议，但这天又是这么大的雪。

他呆呆地立着，天上的雪依然直落着，它带给人们以不少的悲哀。他幻想到这里面有更多的恐怖，更多的悲剧，至少他自己已是悲剧里的一员。

一阵无名的悲苦占有了他，他倒在床上。为什么不幸常常跟了他走，而使他没有挣扎的力量呢？……隔壁房里的钟声敲了九下，他忽然鼓起勇气来，在床下取出套鞋来换上了，找到了他的伞，向门外走去。

走出学校门，大雪迎头打到他的身上，北风直拉他手里的伞。往来的人很多，他们大衣也飘满了白雪。

舅舅家已多日不曾到了，据说最近又搬在一家四层楼的阁楼上，因为那里房租比较便宜些。战后，租界上的房租已增加了四五倍，现在的阁楼比平时的亭子间还贵，他们又怎么会生活得更宽裕呢？他的舅母是一个没有用而会耐苦的女人，近年来也苍老得多了。

他一面想一面走，前面长衫大襟上已积满了雪花。雪从伞底飞来，他的头上肩上也都是雪了。两只手已失掉了知觉，几乎张不住在风中摇摆的伞柄。一阵北风直逼上他的脸，他的呼吸也几乎被窒息了。他没有心神拍去身上的雪，加紧脚步向前面走过去。

他羡慕汽车里坐着拥着皮衣的人们，同时，也憎恶他们。

他找到了门牌，在后门外拍去身上的雪，收了伞，昂然走了进去，在黑暗中摸索着。走了不知多少的扶梯，终于走到了他舅舅的"家"。

这是一间狭小的笼，屋顶是三角形的，里面放着两张小小的板搭成的床，再加一张破的方桌，已将这屋子里挤满了。门口摆着一个尚未生火的煤炉子，静静地张着大嘴，里面是空空的，照理，这时是应该生炉子的时候了。

一阵"呱呱"的小孩的哭声刺进他的耳朵，这是饥饿的叫喊。面孔黄黄的头发蓬蓬的女人在开她的箱子，让这啼哭的小孩子躺在床上。屋子里一切都很零乱，也很黑暗，四周没有窗子，只有向北的屋顶上有一个小小的汽窗，也被厚厚的雪盖住了。

"舅妈。"他有些哽住了。

那女人立了起来，有些匆忙的样子，两只眼直凹在骨里，穿了一件青布的单衫。

"哦，是明官，好久不来了。"那女人现出笑容来，但这笑容是勉强的，这里面多少带有一些凄凉的意味。

"舅舅呢？"章明在床沿上坐下来，顺手去拍那在啼哭的孩子。

"他一早就出去了。——喏，就是为了一笔生意，跑了七八天还没有成交。他想赶紧一些去办，年底快到了。"舅母拍拍衣服上的灰尘说。

这小孩子又高声啼哭起来，那女人急忙抱起了他，在怀中掏出奶来塞在他的嘴里。哭声又低下去了。

但是对面铺上的另一个较大的孩子又哭了起来，舅母抱着怀中的孩子立了起来。

"阿成，醒了吗？别哭，别哭，大哥在这里呢！"这孩子不单不肯停止哭而且嚷起来了！

"我要烧饼，我要烧饼，妈，我要烧饼呀！……"一阵红晕升上了舅母的脸。

"阿成，让我替你穿衣服吧。别哭，哥哥和你去买烧饼去。"章明走过去看看他。

一床铁硬的布被，里面藏着一个瘦瘦的孩子，眼泪挂在嘴角。舅母拿过一件破旧的夹袄来，交给章明，章明给他穿上了。

"袍子呢？"阿成问他的妈。

"不是你昨天弄湿了吗？"

"哎，我一定要哪！"

章明在床边拉过一件已经湿的布长袍来给他穿上，又替他穿了鞋子，他像绵羊一样，缩着头躲在章明的身边。

"咳，不知几时会太平，这种苦日子真过不去。像往年，这种下雪的天气，再也不会出门的。你看，今天雪多大，你舅父一早没吃饭便出门了。几天来他也受够了，一家的用途又大，尤其是两个孩子一天到晚嚷东西吃，一顿饿也挨不了。——明官，你们放假了？"她一壁将睡熟的孩子放在床上，一面和章明谈天。

"没有呢，但是也不久了。"他呆呆地对着房门在出神。

"幸亏你自己会吃苦，到现在仍旧有书读，功课好，先生肯帮你的忙。阿成从前送他到幼稚园去念书，他整天要逃学，现在看到别的孩子去上学，他又嚷着要读书了。"她看看阿成，愁苦地。

章明差不多要哭了，眼泪润湿了他的眼眶。阿成拉他的手，说："哥哥，你为什么不和我去买烧饼呢？"

舅母瞪了他一眼，他又哭起来了，喃喃地："你们专於骗我，昨天晚上说今天给我吃，今天又要想赖了……"

她走上去打了他两下，他哭得更厉害，床上睡着的那一个也被他惊醒了。屋子里扰攘的声音，使章明感到不安。他在袋里掏出用剩的两毛钱，交阿成自己去买去。阿成一只手抓了票子，一只手拭拭眼泪走了。

"和你明官说说是不要紧的，实在这几天我们太困难了，家里的钱又带不出来。"

"舅母，你别着急，舅舅不是一个不能干的人。上海做生意也不容易，第一要本钱大。赚别人的钱也是一件苦事。铁工厂里的洪经理不是和舅舅很知己的吗？"章明在地上踱来踱去，显出焦灼的样子。

"但是洪经理已经上香港去了，到现在还不回来。即使回来了，你舅父是一个要面子的人，也不肯向他开口借钱的。你舅父向来做的绸布生意，铁上的事又是外行，即使工厂里有了位置，他也干不了。而且他近来身体很不好，常常咳呛，早晚胸部也有些疼痛，以后的日子，怎么过去呢？"舅母有些伤心，眼泪直滴到地上。

"不是内地也可回去吗？听说回家的人很多呢。如果在上海住不下去，还是回去的好。"章明搓搓手。

"回去又有些什么呢？房子烧了，田也种不来。你舅舅的脾气你是知道的，他说情愿饿死在上海的。"

不久阿成回来了，身上都是雪，手里拿着七八个烧饼，一个还在嘴里啃着呢。他躲在屋子角落里，像有人来抢他似的。舅母走过去叫他拿一个过去给章明，他考虑了许久，才慷慨地拣了一个送到章明的前面。章明拿给他的舅母："舅母，你吃。"

他舅母不客气地吃了这一个饼，阿成的目光直注视他的妈妈，有些怒意。

窗外北风在怒吼着，震动了整个的都市，雪下得更密了，楼下传来人家午餐的香味。

章明想想这时候应该走了，但是他又不忍离开这展开在他面前的一幕惨剧，摸摸自己的袋，已经一无所有了。想到未来时，满肚子预备了许多的话和计划，现在已变成了泡影。他恨自己为什么在这动荡的时代中还不曾有自立的力量。

眼前闪过了一个可怕的黑影，"煤米问题"在他耳际又听到了。他记起报上常常登载的可怕的大字标题，这"生活的挣扎"的实情，他已深深地感到了。

他立起来，想推开屋顶上的小窗。屋子到墙壁旁边，简直使人不能直立起来。他佝偻着身子努力地去推这窗子，窗开了，一堆雪块跌进屋子里，同时，风也跟着进来，充满了这屋子。他不禁打了几个寒噤，随手又关上了。

外边传来了一阵皮鞋声，接着他舅舅的影子在门口出现了。是一个长得高高瘦瘦的中年人，脸色是惨白的，嘴上略略留着几根短须；穿了一件半新旧的中装夹大衣，瑟缩地有些怕冷的样子。他一走进门，眉头就紧皱起来，但是一看到章明，他又高兴起来。

"明官，这么大的雪你出来吗？"他问。

"舅舅！你回来啦！"章明立了起来。

舅母立刻走了上去，毫无顾忌地："你今天怎么样？生意成交了？"她希望他会给她一个满意的答复，同时，有些埋怨和愤恨的态度。

"你说生意吗？没有成功。"他昂然回答，又回过头来对章明，"你们放假了？明年你预备怎么样？"

"舅舅，这是一个不容易解决的问题。依我的喜欢，最好仍旧能上学。"章明有些不好意思说出来。

"你们孩子们太不知道生活的困难了。在这时代能出息几个钱真不容易。你读书才是初中二年级，还有一年半，像这种情形恐怕支持不下去，还是另外找些事情做做好，你以为怎么样？"

"舅舅的话是对的，我想最好有机会给我半工半读，因为现在工厂里差不多忘掉给工人们以读书的机会。如果我丢弃了学校，那么以后便没有读书的机会了。"章明滔滔地说。

"但是你打算明年怎样去交费呢？上海的学校迟交费先读书是不成功的。"他一面脱下大衣，一面坐在一张方凳上。

"……"

他看到壁角在吃烧饼的孩子，他有些发窘的样子。平日，他在外边是竭力避免"穷"的表现的，现在竟忘了章明是他自己的外甥了。

"别婆婆妈妈的，阿成，你拿一个烧饼来给爸爸。"舅母爽直地说，"你不饿吗？"

舅舅厌恶似的看看舅母一眼，又看看章明："这几天来，我真受不住了，一家四口的负担有些应付不下来。"

"那么年关近了，咱们还是回老家去！"舅母向他提议。

"不，我死也不回去的，我身上还有被他们侮辱的伤痕呢！"舅舅恨恨地。

一年前他舅舅曾回过老家去，受了别人的欺凌，吃了一顿毒打，又害了一场大病。身体上的创痕是好了，但是心上的创痛是永远不会治愈的，他舅舅又是一个好胜的人。

"舅舅，你可以去问问洪经理。"

"他不在上海，本来他答应介绍我到布场里去工作，一个月也可以拿到五六十块钱。但是现在他到香港去了，只好等他来了再说。你是知道我的脾气的，要我向别人去掇借，我有些不肯，有钱人的脸太难看了。去年我因为要借一笔款子，到表哥那边去暂掇几百元钱，还有东西做抵押的，那时，他的架子使人难过极了。至亲尚且如此，何况别人？"舅父气愤起来，用手拍拍桌子，往年的傲气又发作了，"他是大学毕业生，他是读书的，读书的人这一点事理都不明白，你还要念书干什么？其实越念书越坏，不如不念书的人，倒讲些交情，讲些义气哩！"

他说了一大堆，想弄点水喝，抓住了桌子上的水壶一倒，原来是空的。

"你去泡水去。"他对舅母说。

"叫我用手去泡？"舅母恨恨地。

舅父身边掏出十块钱来，高声："拿去！"回头对章明："今天生意虽然没成功，他们贴了我十块车马费。"

他又取出烟来抽了，笑着对章明说："一个人尽管家里没饭吃，在外边一定要表示有钱，否则朋友们都讨厌你了，这真正是一个势利的社会。"

章明又感觉一种悲哀，直存在他心底深处。

舅母拿了篮子和雨伞走了，噘着嘴，有些恨恨的样子。

舅父皱着眉凭桌子在呆想，阿成依旧慢慢地在啃他的大饼，目送他妈妈出门去。

"你预备再进厂家吗？"舅父突然问，打破了沉寂的空气。

"真的没办法，也只好去做工。"章明怏怏地说。

他觉得前途的可怕。四周都是沉沉的大海，自己是一叶扁舟，只有狂风和怒涛在颠簸着，不知哪里是他的归宿。失望的可怕使他觉到"生"的无趣。他咒诅这社会，咒诅命运。

他终於伏在桌子上哭起来了。

阿成用惊异的眼光看着他，又轻轻地走过来，把手里剩了的两个烧饼放一个在章明的面前，又轻轻地走开了。

离开舅舅家是下午三点钟的时候。带些失望的心，他又在风雪中挨回学校来。雪下得更大，路上的汽车也更多了，他有些昏曚，两只脚有些飘飘地，冷风老是在他脚跟旋转，像欺侮他的不幸。

学校里依然是静静不见一个人影，寂寞围住了他，他被悲哀噬食了，倒在床上，尽量地抽咽起来。校役替他倒了水，头也不转地又走出去，他感到了人间的冷的滋味。

　　风又开始撼动外面的枯柳了，雪洒在窗上，变成了雪珠，打得玻璃有"丁东"的声音。偶然外边有狂风吹动门户的声音，深苑外面也是万声俱寂。有时传进来小贩的高叫的声音，是一个凄凉的调子，在寒风中颤抖着，好像在申诉人间的愁苦。

　　四周都是寂寞，雪珠依旧在下着。

第十九章　怎样训练自己

祖平伏在桌子上啜泣，教室里很静，同学们都已回家了。

散课以后，他正因为上数学课时使教师范先生难堪而得着许多同学的赞扬，他觉着从此他不再是一个孩子，现在已经可以欺凌教师了。

事情是这样的：上一课范先生正在黑板上演习题给同学们看，祖平却在和同学讨论范先生衣服的破旧。范先生回过头来看了他一眼又回头做算术了。於是祖平又开始谈话，和他同谈话的人是李忠良，他功课最坏，也最不用功。

但是李忠良是一个胆小的人，他怕谈话给先生听到，同时又怕祖平会笑他胆子小，所以常常是爱理不理地在敷衍祖平。后来，范先生终於叫了他的名字而责备他了。

"你老是在谈话，你们有什么话说不完的？"

祖平向来对算术感不到趣味，尤其是范先生，因为他年纪大，向来很和善的，同学们对他都没有怕惧。祖平坐在位置里不负责任地：

"在说你的长衫破了。"

一阵怒火冲上了范先生的脸。

"好！你轻视我，我的衣服破，不配来教你，你去找穿得漂亮的先生吧！"他平时有些口吃，现在更说得不流利了。

恰巧这时候下课钟响了，他气愤愤地走出了教室。同学们又在教室里狂呼起来。

这时候，祖平俨然自己是一个英雄了，他受到同学们的崇拜，他已做了领袖，他瞧不起那些同学们，尤其是李忠良，他觉得他真是一个没出息的人。

当同学们都夹着书包走了的时候，章明暗暗地扯了他一下，他停住了，他在等候着章明的赞扬的话。

他们等同学们走了，慢慢地踱出了教室，向东边甬道上走去。天气很阴沉，已经多天没出过太阳了。

　　章明拍拍祖平的肩，有些不好意思说话的样子。

　　"范先生实在太没有用了，像他这样教书，与我们有什么好处？听说他没有进过学校。因此他也教不出好东西来。"骄傲而自得的样子，"我从来在他的课里没有听书过。"

　　"——祖平！"章明嗫嚅地，他怕他的话会打断他们两人的友谊。

　　"怎么？"祖平觉着章明有些异样，心里也有些不大高兴了。他重复又说了一句："怎么样？"

　　"祖平！"章明热诚地握住祖平的手："你刚才的话，我觉得太过分了。"

　　"什么？你这意思是说我在上课的时候？"祖平有些奇异，章明也含有"师道尊严"的传统思想。

　　他们在石级旁边站住了。章明看看祖平的脸色，又似乎有些不敢说的样子，看看自己，自己一件夹衫袖口的沿边也已有些破痕了。

　　"祖平，范先生数学教得并不坏，他能将数学的原理很清楚地告诉我们。他在这里已经多年了。"他的话说得很清爽，他怕祖平会误会他的意思。

"章明，你以为凡是老师都应该尊敬吗？我用不着先生们帮忙，我不要和他接近。"祖平立直了身子，依然是威风凛凛的。

"祖平，你这话似乎在取笑我。但是如果你认为我可以做你的朋友的话，那么请你平心静气地想一下子。"章明露出可怜的神气。

没有回答，章明又说下去了。

"他教书并不坏，我从过去听讲的时候知道的。我并不是说学生应该随便将自己的前途交给一个糊涂的教师。教师们有错误的地方，学生可以责问的。我觉得你因他衣服破旧而歧视他，似乎有些偏见吧？因此，我觉得我是一个穷人，我的衣服也很破旧，所以……"

祖平烦恼地摇摇头，是叫他不要说下去的意思。

大家默默地站着，没有说一句话。

一会，章明又慢慢地说了。

"你比我小几岁，你还有孩子气。你以为同学们都在佩服你，其实，他们不过一时闹着好玩罢了。如果真心是佩服你的话，为什么下课之后不和你多说话，却各自走散了？我是真心和你要好的，所以我想把我所感到的告诉你。"

祖平刚才的勇气消失了，他再不觉得自己是英雄了，他知道自己正是一个被别人利用，被自己的没有理由的虚荣心出卖了自己了。他觉到自己的渺小。

"章明，你是爱我的！"他半晌才说了这一句话。

"范先生是一个古怪的人，他也许会因此离开这里。"

祖平睁大了眼，拉住章明的手说："他会走？……不，不会吧！前礼拜不是林志坚也和他相骂过？"

"林志坚只对他说算术不懂，而你却说他衣服太破，他以为你在侮辱他。"章明正经地说。

"那么，我向他去道歉去！"祖平还是那般小孩子气。

"让我先告诉李先生，托他代你向范先生面前说一句话。"

"说什么，怕我记过吗？"

"不，记过、开除，自己有理由、有充分的理由是不怕的，也不算是耻辱。但是你对不起别人，应该向别人道歉。我想请李先生去劝劝范先生。"

他们两个的感情更融洽起来，谈了更多别的话。

天更晚了，在这阴沉的天气中，更容易觉到夜晚的来临。

祖平独自背着书包出门去，在门口被校役叫到训育主任唐先生的房间里去了。

唐先生是一个严厉而少说话的人。他问了祖平几句，问他愿意不愿意再在这里读书，因为范先生受不了他的欺凌，立刻要走了；如果范先生真的离开了这里，学校也不容许他再在这里念书的。

祖平告诉他懊悔的话，于是被唐先生带到范先生房里去。

范先生的脸色很苍白，他一句话也没有说。

祖平上前去，很诚恳地申诉，他还是个孩子，他知道他自己的过失了。

范先生像不曾听到他的话，又似乎不信他是真的觉悟，淡淡地讥讽地说：

"我没钱买衣穿，自己觉得以后不好再走进你们的教室了。我在你这么年纪的时候，我父亲是做过大官，我比你现在更阔气。但是我因为自己没出息，不会发财，以后我得努力去发财去！"他不喜说话，说出话来老是嗫嚅地。

祖平急了，他再三地说，并且连刚才章明和他的那一节话也说了出来。

李先生也来了，他很感动地问祖平是否真正地悔悟。

祖平从范先生房里出来，他因为范先生不肯原谅他，觉得自己一些气力也没有，懊丧地、失望地走进自己的教室，愤恨和羞愧占据了他，他觉得上课时的那一件事真是像一个梦。——为什么这时候自己会如此笨呢？

他抬起头来，四周不十分明亮的光线使他更昏沉了。他呆呆地望着四周。他只见四周有许多魔鬼，跟着大手来压迫他，他用手蒙住自己的脸。忽地又抬起头来，他看到墙壁上的信箱里，有写着他名字的一封信。他伸手将这封信拿了过来。

这是他哥哥给他的信。

在他面前横着一条光明的路，是他哥哥给他的。他需要理智，需要人来指导。李先生，他不知对他的印象怎样，章明自己也不曾把握住自己，那么他唯一的指导者只有他哥哥了。他信仰哥哥，但是路途太远了。

怀着兴奋的心，他拆开了这蓝色的航空信。

平弟：

　　昨天我接到了妈妈的信，知道你很聪明，教师也赞许你。李先生到现在还不曾有信给我，我以为他也已离开了上海，同时耽心你会失却一个良好的导师。

　　妈妈来信说你常常感到满足，你会享乐，又因为生活的舒适而歧视别人。现在让我来告诉你，你现在这种享乐的生活是不会永远的，这社会已经在风浪中飘摇了，不久的将来会有一种新的势力来改造这现实的社会的。现实社会里两种不同阶级的冲突，不久会消灭的——这不是我一个人的话。

　　因此，我知道悠闲生活着的一无所长的纨绔子弟，在未来的风潮中，一定难以挣扎而终於是被淘汰的。本来我也可以做一个享清福的人，也可以做一个孝子，但是我想训练我自己，我想做一个能自己依赖自己的人，因此便毅然决然地离开了我可爱的家。这一点，你大概也明白的。

　　你还年轻，年轻人愿意受别人的豢养而以为荣耀吗？不，你得先努力来训练你自己，不然，终有懊悔的一日的。正因为你环境好，正因为你经济状况好，尤其应该利用了这环境来做自己努力的基础。

要训练自己，得先充实自己的思想与技能。思想是一个人的灵魂。没有准确的思想，做事便没目的了。没有技能，将来也不能自存的。但是思想的训练，全在乎多看书。你课外的时间很多，尽可以将看无益的神怪小说或剑侠小说的时间节省下来，看看有益的书。哪种书是有益的呢？要自己先定一个标准：我先预备看社会科学呢，还是文学，还是哲学，还是自然科学？先将最近的目标决定了，然后在这一个单元里选择几本有用的书来读。读完一本书，写一个报告或批评。这报告或批评并不是去发表的，这是当时你思想程度的纪录，等到你看完另一个单元的书的时候，便可以再读读自己以前所写下的批评或报告，那时你如果觉得以前的思想浅薄或错误的话，那便是你思想进步的明证。技能的训练也是如此，但是技能的进步更容易明白地看到的。

以上所说的技能和思想的训练，可以说是一切训练的基础，但是你既然生活在这社会里，你打算着改造社会的勇气，那么你一定得先事认识这社会。对於社会怎样认识呢？这便是要接近社会。现在许多青年们，他们在嚷着要改革这不合理的社会，但是社会在什么地方不合理，为什么不合理，使它不合理的原因在哪里呢？他们都不知仔细研究过。有许多左倾的作家，在大都市里跳舞回来，写一篇农民争斗的报告文学，但是，他如何写得真切呢？他如何知道这批农夫们的苦况呢？社会的症结在哪里，他们又如何明白呢？你现在在家庭里生活得幽闲，万一家庭的财产靠不住了，父母亲靠不住了，你有自立的力量吗？你在这万变的社会里能生存吗？别说改造社会，即使要适应社会，恐怕也不成功吧！

一切事情说得到，便要立刻去做，不要怕难，不要怨别人，单空口说白话而不知道做，是中国人的通病。

现在你在学校里读书，学校教育是否能使学生有长足的进步，是另外的问题。但是既然进了学校，便得在这圈子中努力。现代的教育都重在自己的努力而不重强迫，所以肯努力的人始终是占便宜的 。学校里的教师有好有坏，有许多先生们在上课时，因为教授法的不大好，不会直接将他的知识灌输给你们，你们便要自己去请教他；有的他平日不大肯多预备，讲了以为你们不容易懂，这也要自己常常去问，也可以得到些好处。教师和学生之间应该有良好的感情，不应该互相仇视的。即使教师的学问不怎么好，但至少比你们初中的学生多知道一些。也可以和同学们互相切磋。爸爸是一个对於中国旧学有根柢的人，关於这科目上有什么问题，他可以告诉你的。你们的国文教师李先生对於文学也有相当的研究，他又是一个诚恳的人，如其他还不曾离开上海，你们有什么问题去和他商讨，他一定很乐意的。

我是一个学科学的人，但是我对於文艺也很觉到兴趣，因为它可以启发你的思想，可以安慰你心的枯寂。但是我不反对科学的功用。科学，它负有改造世界的责任，可以使世界进化，增进人类的幸福。其功用、使命和文艺是同样的。但是现在祖国动荡着的时候，我以为科学的研究更其需要。你的天资不十分笨拙，将来我希望你也在这科目上有些研究。我在专科学校里念了六年，现在在应用了，只感到自己知道的太少，每天自己仍旧努力在看书，带便也学学德文。虽然工作很忙，每日只有晚上一两小时的空闲，但是我觉到每天读一页，一年也可读三百几十页厚的书。我没有像你这样有先生来教导，我完全是去请教朋友的。

你替我想想，我的工作比你忙几倍，我的生活比你苦几倍，你应该放弃你自己的前途吗？

你们功课之中，国文、英文、历史、地理，自然是重要的科目，但是算术一科，你应该特别用心。它是一切自然科学的基础，也是训练青年们的脑子的最好的东西，如果你肯用心，这里面有很多很多的趣味在。有了兴趣，便肯努力了。如果你以为讨厌而不去做它，那么以后你再也不能踏进科学之门。

这一点，你应该记住。

别以为现在年纪还轻，迟几日用功是不妨事

的，短短的三年，回忆起来不过是一个梦境罢了。
我小时也是怀着这个心思，到后来感着悔恨了。时
光过去不觉得，到后来追忆起来是很快的，到悔恨
的时候，已经是许多宝贵的日子在自己的嬉戏里溜
过了。这是我过去的经验，现在先告诉了你，你别
以为哥哥在哄你，要真诚地记着它。

今天是礼拜日，我们厂里许多飞机已完成了。
我很高兴地看它一架一架地落成，它是对祖国有贡
献的。下午天在下雨，我惦记着家，惦记着生活得
舒适的你，所以写了这封信给你。爸爸到现在仍旧
不肯原谅我，以为我离家而远走是不应该的，其实
这是他的错误，如果他念着我时，你为我说起我念
他的心情。

你的哥哥

祖平读完了他哥哥的信，心中比较轻松了一些，但
是仍旧有一个黑影留在他的心上。他懊恨过去，他对不
起哥哥。哥哥对他的期望是很深的，但是自己却辜负了
他的期望了。

懊悔而愤恨在咬他的心，他在教室里伏案呜咽起来。四周没有人，只有寂寞和阴沉来安慰他。

门开了，章明走了进来。他看到祖平吃了一惊。祖平抬起泪眼来看看他，又俯下头去。

"怎样，这么迟了还不回家？我告诉你，范先生经过李先生几次的慰劝，他决定仍旧留在这里了。但是学校里将你记了两个大过呢！"

"……"

第二十章　今文十弊

章明和祖平在教室外边在谈话。已经是上午十一点多了，他们刚才考完了英文出来，手里还带着钢笔和稿纸。祖平从书包里翻出一张油印的纸头来，是李先生规定的寒假作业。他念着：

（甲）阅读：《修辞学发凡》《巴金短篇小说集》《子夜》《普式金短篇小说集》《明清散文选》《插图本中国文学史》。任选三种，每种读完之后写一篇报告，里面分"批评""感想""参考"三项。批评，是读者对於每本书中文字上、结构上或编制上、思感上的批评，不可空泛；感想，是读者读了这书以后所感到的种种问题；参考，在本书以外，可以用他书来作证引的材料。

"不容易，不容易，短短的寒假中又要除了过年，哪里来得及呢？"祖平有些感到烦难。

"不，只要静心，两三天也可以读完一本的。"章明在解释。

（乙）写作：每礼拜做一篇周记，将自己的生活情形、国内外的大事及自己的感想写下来，不必很长，求文章畅达，注意别字和不通的词句。再做文言文译语体文一篇、语体文译文言文一篇，字数不拘。

以上两项须於开学后一星期内交教务处，作下学期的平日积分的一部分。

"章明，你预备翻译哪一篇？"

"现在还没有决定。"章明淡淡地。

"李先生下学期大约仍旧在这里吧？大概仍旧是教我们吧？"祖平盼切地问，抬头看看章明。

"我也不大知道。——咱们去看看李先生去。"

他们两个一同走到李先生房里，看见李先生正在整理一只小箱子。

"李先生！"祖平天真地走到他的身边，亲热地，"哥哥有信来叫我向李先生请请安。"

"请安是不敢当的。"李先生回过身来，笑容可掬，他拍拍手上的灰说，"你们已经放假了？"

李先生走到外门喊了校役进来替他理箱子，随手拿出五块钱交给他："三元是我给你的，二元是章明的。"校役谢谢李先生，又向章明道了谢，章明的脸上有些发烧。

"李先生下半年大约仍旧在此地吗？"祖平忍不住问了。

"校长的意思希望我仍旧继续下去。但是我觉着教书不大有兴趣，自己功课也荒疏了，想去做做编译的工作。"李先生随意地说，"不过你们这一班，我还在考虑之中，如果可以在外边编编书的话，还想教下去。一方面我想试验自己的教学方式到底有没有效验。"

"李先生，你忍心丢弃我们吗？半年来我们幸运地遇到一个良好的导师，我们不肯放你走的。"祖平和孩子一样，走上了一步，拉住他的衣服。

"这是你个人的意见。也许你们一班同学之中，正有人希望我走呢，他们觉得我平日太凶了。不过，我的走与不走，和你们欢迎不欢迎是两个问题。"李先生侃侃而谈。

章明立在旁边呆着，这几天他变成一个没有知觉的人了。

"爸爸的意思，明年想请李先生课外教我一点国文，或者我到先生房里或者请先生到我家去都可以。"祖平兴高采烈地。

"谢谢你尊大人的好意。我怕没有时间——好在现在才放假，慢慢再谈吧。"

不多时，祖平走了，章明送他到房外。祖平拉着章明的手："你下半年有没有什么困难？我已经和妈妈说过了，她说，她很愿意帮助你。"祖平在等他的回答。

章明眼睛里又湿润了，但是他不肯让泪落在同学的面前。"谢谢你的好意。但是——不过，真没有方法的时候，我一定要你帮忙的。——祖平，你能替我设法找一个夜间工作的工厂或商店吗？"他有些赧然，低下了头。

祖平走了，章明望着他，一直到他的影子消失的时候。他痴立在门外，泪点已滴在自己的脚上。

他拭拭泪，怕被别人看见。又转身走入房去。

李先生叫住了他："章明，我桌上的条子，是不是你写的？"

在桌上拿了一张纸条给章明看，上面寥寥地写着几句话：

> 李先生，这半年来，我受了你许多恩惠，我受了你给予我的光明。这恩惠我不能用言语来表示感谢——是感谢不完的。我应该如何才可以报答你的热情呢？请先生指示我一条出路。

"这是你写的吗？"

"……"章明点点头，他在哭泣了。

"你不要难受，人与人是应该互相帮忙的。看见一个青年在苦难里，我应该拯救他出来，这也是我的责任。只要你将来能够自立以后，看到另一个受苦的孩子，别忘了拯救他，这是你对我的报答了。至于'出路'两个字，在现在很难说。一个初中学生是没有相当的事情可做的。你现在要尽量地努力，结束了初中，去投考什么专门技能的学校或训练班。但在这短短的一年半中，你一定要先充实自己。"

"但是一年半的学校生活，不是很渺茫的吗？"章明在抽咽着。

"你放心，只要我不失业，我总尽力可以帮你忙的。你很俭朴，这半年中，你只化了十五块钱的零用。只要你肯努力，我总不肯让你再坠落到黑暗里去。你放心。"李先生抚摩着章明的头发。他索性倒在李先生的怀里痛哭起来。

一切都是寂静，日光偷偷地从窗子外溜了出去。

门外的脚步声惊醒了他们两个。章明倒在床上，李先生呆呆地站着。进来的人是祖平。

"咦！你没有回去？"李先生问。

"是的，忘了一件事，在半路上又回来的。"他笑着说，"爸爸有一封信和一个帖子叫我带来给李先生的。"他在书包里拿出一个红色的请帖，再是一封信。

李先生拆开信来看了。半晌，对祖平说：

　　"特地为我备菜，我很过意不去。不过我也应该来拜访你尊大人的。"

　　"李先生，我想问问，这半年中我的作文有没有进步？"祖平天真地。

　　"你的作文吗？进步得多了。这一班中，作文章明进步得最快，其次便是你了。你们这一学期的作文中，犯着十种共同有的大错误。

　　"第一种是'空泛'。空泛便是思想不充实。做了大一段文章，里面只有一种意思：一个问题，只说到它的正面，没有看到它的侧面和反面；或者，单说了这问题中的一部分，正像瞎子摸象的故事一样，将一部分当作全体了。例如我出过一个题目是'元旦杂感'，大多数的同学都说元旦的来源和上海元旦的热闹，及自己拜年吃糕如何如何有趣，末了再加一小段，说的是元旦日的难民的情形。这完全是废话，也忘了题目了。作文要有新意，不论题目的大小。'晚间的来客'是写平常一夜晚上的敲门的声音，写了许多有趣的文章；又像有一首圈儿诗，是女人寄给她丈夫的。她在一张纸头上先画一个圈，再画一个套圈；再连画几个圈，又画两圈；又画一圆圈，再画一半圈；最后是无数的小圈子。后来有人将这些圈儿当作题目，作了一首词道：

> 相思欲寄从何寄？画个圈儿替。画在圈儿外，心在圈儿里。我密密加圈，你要密密知侬意。单圈儿是我，双圈儿是你；整圈儿是团圆，破圈儿是别离。还有那说不尽的相思，把一路圈儿圈到底。

便能别出新意了。

　　"第二种是'无病呻吟'。自己作文，原为表达感情，但是你们的文章却'苦呀，悲哀呀！'的说得连篇累牍。说穷人之苦，不切实，这完全是假造的缘故。文章中单说'悲哀''痛苦'是不足以引起读者的感情的；引起读者的感情，只要事实的叙述中加以渲染就是了。《项脊轩记》里末段：

> 庭中有枇杷树，吾妻死年之所手植也，今已亭亭如盖矣。

这句虽是直述句，却含有无限的今昔之感，比千百句'时光过得真快'有力得多了。

"第三种是'语无伦次'。语无伦次的意思是说文章表面上虽然分了段落，但是里面内容却东一句西一句。例如我前次的题目是'我的家庭'。有一位同学的大作里，第一段是讲家的环境及其位置，当中夹着几句关於他弟弟顽皮的记述；第二段说家庭里面每个人的个性，但又夹入了屋子环境清幽、城市山林等话，这便使人看了有些不清楚了。作文时应先考虑一下，这文章应分几段来写，第一段说什么，第二段说什么，千万不要夹杂随笔写去。我在上作文课时一定要你们先起一个草稿，便是要你们自己先行整理一下的意思。

"第四种是'自相矛盾'。从前有一个卖矛兼卖盾牌的人，他在说：我的矛很锋利，随便什么坚固的盾牌都抵挡不住。又说：我的盾很坚固，随便什么矛都刺不穿它。於是有人问他说：拿你的矛来戳你的盾牌，那么结果怎样呢？那个人没有话说了。你们的作文里也有同样的现象。例如我有一次叫你们写一篇'秋日郊游'。有几个同学说秋日正是佳日，出游可以增进自己的学识，下文便写出一段游记来。末了，又说，大好的秋光，在游玩中白费了太不值得，我们要努力读书。这两段文章岂不是自相矛盾吗？出游可以增进见识，就是说出游是好的，末段又说不应该出游了。所以末一段实在是多说的。

"第五种毛病是'噜苏'。文章用不着婉曲的地方，却喜欢绕一个圈子说话。绕圈子说话，在幽默文字里很有用处，例如《白茶》里那一句：

> 这是化学上的玩意，是 H_2O，烧到列氏表八十度就得了。别名又叫作白茶，就是说，这是白开水。

这句话形容出穷而有趣的大学生巴力克的风趣来。但是在普通的文章上却用不到如此，多说了反而使人讨厌。我记得你们作文里有一段大概是：

> 一个人一定要有志向，志向是人的努力的目标，没有志向就没有努力的目标，有了志向才有努

力的目标了。

这不是太重沓了吗?

　　"第六种是'引用不适当'。从前人作文往往用古人的话来证明自己的理论，所以引用是非常重要的。例如《左传》上面的一段:

　　　　晋侯复假道於虞，以伐虢。宫之奇谏曰:
　　　"虢，虞之表也。虢亡，虞必从之……谚所谓'辅
　　　车相依，唇亡齿寒'者，其虞虢之谓乎?"

其中'辅车相依，唇亡齿寒'便是引用了。诗中也有引用的例子，如苏东坡的:

　　　　"峨眉山月半轮秋，影入平羌江水流。"谪仙
　　　此语谁解道，诸君见月时登楼。

前两句是李太白的诗句。孟轲善於辩论，他的话里也常用谚语或名人的句子来证明他的理论，但是你们作

文里却随便乱用。记得有一个同学的文章里有一句说'太史公曰：孺子不可教也'。何必一定是太史公的话呢？也何必引用？又有人说：'古人云："人无志不立。"所以我们要立志当兵。'引用的语，不是希望人们当兵，而是希望人们立志，与下文当兵没有关系，这也是用错的。

"第七种是喜欢用滥调。一开头便说'人生於世'。你们文章里的一句'时光过得真快'，也变成滥调了。文章要切合情理，随便乱用的废话不要用它。

"第八种是不贯串。一段文章里面，上句和下句意思不相连贯，而且没有照应。你们所写的小说里便常常犯这种病。上面描写一个人的性格是非常倔强的，而后来那个人却变成了绵羊了；同时像'我听到一阵阵的电光'这'听'字也有问题，也是失了照应的。不单现代人如此，古人文章里也偶然有同样的毛病，例如'猩猩能言，不离禽兽'，猩猩是兽，为什么下面加一'禽'字呢？这是《礼记》里的话。又如欧阳修《真州东园记》中有这两句：

　　堂，吾望以拂云之亭；池，吾俯以澄虚之阁；
水，吾泣以画舫之舟。

王若虚批评他'画舫'和'舟'字是重复的。又如王羲
之的《兰亭集序》中有：

　　虽无丝竹管弦之盛，一觞一咏，亦足以畅续
幽情。

周辉说他'丝竹管弦'四字也有语病。所以这种地方要
随时仔细留心，方能免掉的。

　　"此外，还有文法的错误；和别字合起来，正是
你们文章的十弊了。从前章学诚有一篇《古文十弊》，
里面讲到古文作者的不留心的地方。你们也试试，可
以做一篇《今文十弊》的。如果你们对现代作家每一
篇文章仔细地去研究玩味，里面也可以发现许多不妥
当的地方。"

　　李先生一口气说完这段话。他看表："快四点半了，
我还有约会呢。"说着匆匆戴了帽和祖平一同走了。

　　章明朦胧地听到了李先生的话，静心在检讨自己过去作文上的错误。

　　门口出现了一个影子——李明山，他们的艺术家。

　　章明急忙立了起来，李明山高高的身躯也走进屋子来了。

　　"明山，你找李先生吗？"章明问。

　　"是的，我要向他辞行。"明山立着一动也不动。

　　"怎么，你要离开这儿？据说你没有家？"章明说完又在懊悔不应该多说下面的一句话。

　　但是他并没有发怒，依旧是冷冷地："因为没有家，所以要走了。念书有什么用处？"

　　"你府上本来是？"章明亲热地问。

　　"黑龙江。"他冷冷地答。

　　"黑龙江"这三个字是不平常的词儿，它在章明的脑中起了波澜。"那么你打算回老家去？"

　　"家，已经告诉你过，没有了！"他有些觉得章明的噜苏，"当兵去！咱们北方人是不怕死的。"

　　章明看看他的眼——里面发出愤怒的光芒——同情地："明山，我也是一个没父母的孩子，也没有家，可是没有你这般的勇气。"

"念书也念不成了，还是打仗去。今天我来向李先生辞行，我佩服他！"明山直爽地说。他要转身走了，章明赶上去，握住他的手："你不能再停一会吗？咱们已同学了半年了。"

被章明的话感动了，明山在桌前略略努了努嘴："以后咱们一定有机会再相见的。"他紧握了一握章明的手，大踏步地走出去。章明目送他走了，一阵怅惘掩住了他的心头。